岳飞

YueFei

岳飞

YueFei

皮波人物国际名人研究中心 编著

国际文化出版公司

·北京·

图书在版编目（CIP）数据

岳飞/皮波人物国际名人研究中心编著.--北京：国际文化出版公司，2013.2（2024.2重印）
（名人传记丛书）
ISBN 978-7-5125-0390-8

Ⅰ.①岳…　Ⅱ.①皮…　Ⅲ.①岳飞（1103～1142）—传记
Ⅳ.①K825.2

中国版本图书馆CIP数据核字（2012）第145601号

岳飞

作　　者　皮波人物国际名人研究中心　编著
责任编辑　宋亚晅
统筹监制　葛宏峰　刘　毅　任立雍
策划编辑　胡雪虎
美术编辑　丁鉷煜
出版发行　国际文化出版公司
经　　销　国文润华文化传媒（北京）有限责任公司
印　　刷　北京一鑫印务有限责任公司
开　　本　700毫米×1000毫米　16开
　　　　　　11印张　105千字
版　　次　2013年2月第1版
　　　　　　2024年2月第3次印刷
书　　号　ISBN 978-7-5125-0390-8
定　　价　39.00元

国际文化出版公司
北京市朝阳区东土城路乙9号　邮编：100013
总编室：（010）64270995　传真：（010）64270995
销售热线：（010）64271187
传真：（010）64271187-800
E-mail：icpc@95777.sina.net

目录

目录

目录

年少的磨砺

当灾难来临

中国历史上著名的民族英雄岳飞，于宋徽宗崇宁二年二月十五出生在汤阴县（今河南安阳市汤阴县）永和乡孝悌里程岗村的一个农民家庭。虽然他家中不是很有钱，但也衣食无忧。只是他刚出世不久，村落遭遇了一场很大的水灾，使家中的田地被冲毁，房屋倒塌废弃，所有的财物都顺水漂走了，从此他们生活窘困，连吃饭都上顿不接下顿。岳飞的童年可以说是十分艰难和困苦的。

不过这也印证了孟子所说那句话："天将降大任于斯人也，必先苦其心志，劳其筋骨，饿其体肤，空乏其身。"所以上天就给了岳飞一个锤炼自己的机会。

英雄岳飞雕像

岳飞的父亲名叫岳和，

为人厚道，一生勤劳。岳和为人直爽，他经常省吃俭用去救济村里更为贫穷的人家，因此在村中有口皆碑，人人都知道他善良敦厚。岳飞的母亲姚氏也有四十多岁了,她善解人意，勤俭节约，尽心尽力操持家中的生活。

说起岳飞的名字，还有个很有趣的故事。当小岳飞刚出世的时候，恰巧有一只很大的鸟，一边叫着一边飞过他们家的屋顶，所以父亲就给他起名叫做“飞”。岳飞还有一个表字“鹏举”，这也是这个大鸟飞过屋顶带来的灵感，父亲是希望小岳飞长大之后能够鹏程万里，扶摇直上。

岳飞的父亲在五十多岁才有了这么个儿子，实在是欢喜极了，压在他心中的那个“不孝有三，无后为大”的石头终于落地了。

岳飞出生的前几年,亲朋好友都劝岳飞的父亲纳个小妾，也能生个娃娃传宗接代。但是岳飞的父亲执意不从。果然还是好人有好报，终于老年得子，于是岳飞的父亲就杀猪宰羊拜祭祖先。村里的亲戚朋友们也都来贺喜，这老两口更是欣喜。到了第三天中午，他们就在家中置办了酒宴，邀请远亲近邻们。大家吃得很高兴，家中热闹非凡，从早上一直吃到晚上。

忙乎了很长时间，岳和才有了点空闲，他进屋看到小岳飞在母亲的怀中睡得很香，便很欣慰地笑了。

母亲姚氏抬头问道:“大家都回去了吗？”

父亲岳和摇了摇头:“大家现在正吃得开心，一会儿我还得去陪着。”

老两口正在闲聊，忽然听到外边很吵闹，不知道发生了什么。岳和刚要出去看看，一个人慌慌忙忙跑进来大声喊道：“不好了！不好了！洪水来了！”

话刚说完，就看到一个浪头打了过来，泛着浑浊泡沫的大水瞬间涌了进来。老两口一下子就慌了,不知道该去哪里。岳和慌忙搀着妻子往门外跑。

无奈再怎么跑也跑不过洪水。眼看就要被水淹没了，两个人突然看到他们新买的荷花缸还浮在水面上，这也许是拜老天所赐的吧！于是岳和便抓住缸沿，把妻子和小岳飞都放到缸里。还没等坐稳，那荷花缸被一个浪头打到，顺势飘乎乎地出了墙外。

很快地，整个村落被滚滚的洪流所吞没。

母亲抱着小岳飞坐在缸内，顺着水势飘到了一个叫做麒麟村的地方才慢慢停了下来。这麒麟村中有个富有的员外叫王明，他听说河里飘过来了许多东西，村里大部分人都在打捞，他也小跑着来到了村外的河边，这时候正看到一只花缸慢慢顺着河岸飘了过来。

王明便让家人用钩子钩在缸沿上，将它拉了过来。只见缸中坐一个妇人，怀中抱着个小婴儿。

王明的家人便问道：“你是从哪里来的？”

家人问了好几遍，都没有听到回答。原来小岳飞的母亲才生下小岳飞没多久，身体很虚弱，又遇到洪灾，在水面上漂了整整一夜，早已经浑身无力，陷入昏迷状态了。

这时，王明家人又大声喊了几遍，小岳飞的母亲才缓缓地醒过来，看到外边都是一群陌生人，忽然明白了他们是被洪水冲到这里的，想起了自己的丈夫，不由得哭了起来。

王明赶快让家人把小岳飞的母亲小心地扶出花缸，搀回家里。

王明问清了事情的来龙去脉之后，便安慰她："放心吧，这里离你们村落不是很远，等洪水退散之后，我派人去打探打探，总会得到一些消息的。"

过了两天，王员外派人到小岳飞出生的村子去打听。可是他们来到村子才发现，整个村子已经面目全非，到处是倒塌的房屋，一片狼藉，根本没什么人，更不用说小岳飞父亲的下落了。

小岳飞的母亲知道情况后十分悲伤，猜到丈夫生还的机会十分渺茫。好心的王员外夫妇安慰她，她的丈夫一定会找到的。

也许真的是吉人自有天相吧，岳和眼看着自己就要被洪水吞没了，在生死关头他急忙抓到了一块木板，就紧抱住不松手，才没有被洪水淹死。

等到洪水退散了，他四下打听妻儿的下落，几经周折他终于找到了麒麟村的王员外家，老两口再度相逢，喜极而泣。

长期在别人家中住着总归不好，虽然王员外夫妇极力挽留他们多住些时日，但岳飞的父母还是急着返回到村子，打算重建家园。

这场洪水实在是太造孽了，虽然大水退去了，但是村落的惨烈景象让人心酸，到处都是倒塌的房屋，地面也淤着厚厚的一层泥水。幸好小岳飞的父母调养过来，身体还算健壮，而且王员外又派人送过来一些财物，那段最艰难的时日总算熬过去了。重建家园非常艰辛，无论小岳飞的父母怎么辛勤劳动，他们一时还是难以恢复到以前的样子，有时甚至一天三顿饭都没的吃。

昏庸腐败的朝廷还在行奢侈之风，哪里关心民间的疾苦，明知有灾害也不去赈灾和救济。

且看这位宋徽宗，他是神宗的第十一个儿子，政治方面没有才能，吹拉弹唱、琴棋书画倒是样样精通。自从他即位以来，政事方面一向委任蔡京去办，而蔡京的儿子蔡攸也受到宠赖。这满朝的文武大臣，大部分都是他父子俩的亲信。

宋徽宗还很推崇道教，自认为是天帝降临。他修筑迎真宫，设置道阶道官，立道学，编道史，自号教主道君皇帝。宋徽宗还宠信各地的方士，而这些方士顺着徽宗的心意，凭借着一些障眼法，谎称是天神的意思，这更使得徽宗沉迷于玄幻之中无法自拔。

虽然皇帝昏庸，但这天下还算得上太平。可是备受皇帝宠信的蔡京又不惜巨资去攻打西羌，虽收复了一些以前羌人曾占领过的地方，可是边事一起，从此兵连祸接，劳民伤财，老百姓再无宁静之日了。

时间过得很快，转眼岳飞已经七岁了，但是因为家中贫困，没钱让岳飞去读书，岳飞就每天在外边嬉笑打闹。

有一天，母亲姚氏对岳飞说：“岳飞，你已经七岁了，却还是在外边天天玩，这哪里行啊！虽然现在你没办法帮助爹爹做重体力活，但是可以去外边捡一些柴火，这样可以帮助家里减轻负担。”

岳飞忙说：“娘说得很对。”他背上了筐篓，去村外捡拾柴火。

但到了村外，岳飞四下看了看，不知道去哪里捡柴火。他看到在草地上有几个小朋友在玩耍，有两个是岳飞邻舍的儿子，他们见到岳飞，便让他过去一起玩。岳飞摇摇头说还要帮母亲捡柴火。

那群小朋友怎么能够答应呢？他们就过来拉他一起去玩。可是岳飞打小就比同龄的孩子力气大，见说的话他们不听，就两手一用力，推倒了近身的四五个孩子，趁机跑了。

那群小朋友见岳飞比自己厉害很多，也不敢去追，就说：“岳飞，你敢打人！哼，看你能跑到哪里去！”

可是岳飞一点也不怕，等到岳飞走远了，有两个小孩就到岳飞家去哭诉，说是岳飞撒野打人。岳飞的母亲姚氏赔了许多不是，安慰了他们，心里却很上火，等到岳飞回到家里，又见他筐篓内都是些树枝，便说：“我叫你去捡些柴火，你却和小朋友打架，还把他们打哭让人家找上门来。再看看你捡的这些树枝，都是别人家的花枝，要是被人家发现了，你一定会被他们责骂的。你说你还爬到树上去了，要是再摔下来，这可怎么办？”

岳飞见母亲很气愤，赶忙下跪说道：“娘，您不要生气了，也不要担心了，我以后再不折树枝了。”

母亲宽了些心，说道：“你先起来吧，明天你不用去捡柴火了。我在王员外家中借到一本《千字文》，以后教你认字。”

第二天，姚氏就开始教岳飞读《千字文》。岳飞天生就很聪明，他读了一遍就熟记于心。母亲心里十分高兴，又打算教他写字。可家中没有纸笔，这可为难了岳飞的母亲。岳飞想了想，便笑着说：“要纸笔很容易，我去拿纸笔。”

岳飞找了一个畚箕，跑到河边装了一畚箕沙子，又折了几根柳枝，回到家对母亲说：“娘，您看，这个纸笔可以吧？不用花钱买，而且也用不完。”

母亲看着岳飞，微微笑道：“不错不错，这真是个好主意。”她把沙子铺在桌面上，用柳枝在沙上教他写字。写了一会儿，岳飞自己也会写了。从此，岳飞在母亲的督促下，从早到晚在家中念书写字。

烦闷的私塾生活

时光荏苒，转眼间岳飞已有十岁。在母亲的细心教导之下，他那本《千字文》已经背得滚瓜烂熟。可是因为家中贫困，没钱买新书，而且村里又都没有书，无处去借，这可急坏了母亲。因为没有解决的办法，她只好每天督促岳飞去练字。岳飞就拿着柳枝在河边沙滩上练习写字，因此练成了一手很不错的书法。

每天除了练习写字之外，岳飞最喜欢的就是舞枪弄棒。虽然没有老师教导，但是因为他力气很大，练起来也是虎虎生威。

有一天地里活儿不是很多，岳飞的父亲回来得早，岳飞的母亲在他休息的时候说："咱们孩子都十岁了，是不是该送他去念书了？"

父亲说："你不是在教他读《千字文》吗？"

母亲道："就只有一本《千字文》，孩子早就倒背如流了。我看孩子很聪明，再这么下去，恐怕会毁了他啊！"

父亲叹息道："话是这么说，可是去念书需要很多的钱，咱们家哪里有那么多钱呢？"

母亲接着说："我都问过了，去念书花钱不是很多。我可以帮人家缝补衣服什么的，每月只要多接几件衣物，孩子念书的钱也就有了。"

父亲担心妻子的身体，但还是拗不过她，过了几天，他就带着岳飞到私塾里去拜见老师陈广。

这位老师本来是一位秀才，但是无论他怎么考，都不能榜上有名，他感觉很失望，加上自己年纪有些大了，就在村里开了个小学馆，收几个学徒，赚一些银两，不至于忍饥挨饿。

临走之前，父亲也叮嘱岳飞要好好听先生的话，不许胡闹。

岳飞刚开始听说要送他去念书，心中十分高兴，但是时间一长，他又感到很失落，因为这里面的学生在他看来都很平庸，老师教的东西，岳飞一遍就能熟记，而其他人往往念个三五遍还不能记住，他还得等其他人都能熟记了才能开始学习新的东西，可总是这么等，岳飞就不耐烦了。

岳飞心想，总是这么摇头晃脑地念这些书，做个书呆子，有什么用处呢？那不反倒辜负母亲的期望吗？而且母亲由于长期劳作，都累病了还不能去治，这怎么能行呢？

想到这些，岳飞便毅然去告诉母亲，他不要再上学了。

母亲听到后十分惊讶，她问道："为什么？难道是老师打你了？"

岳飞摇摇头道："没有。"

母亲又问："那是有同学欺负你了吗？"

岳飞说："我这么大力气，没人敢欺负我。"

母亲追问："那是为什么？"

岳飞说："老师教的那些我早就会了。"

母亲赶忙斥责："不要胡说，老师是个秀才，你才认几个字，就说这种话！"

岳飞忙说："母亲说得对。可是先生只让我们照着书念，书上的字我全认得，念来念去，又有什么用呢？我不去念书，母亲您就不用这么操劳了。”

母亲语重心长地说:“只要你肯上进,再苦些娘也乐意。”

可是如何劝阻，岳飞还是不乐意继续这令人苦闷的私塾生活了。算起来，岳飞读书不到半年，而这也是他这一生所受的唯一一次正式教育。

岳飞见到头发斑白的老父亲每天早出晚归，干着繁重的农活，心里觉得很不好受，于是他决定为父亲分担劳苦。

老父亲听了岳飞的话后笑着说:“你说你下地,这又不会,那又不会，你能做些什么？”

岳飞想了想说:“我可以锄草啊！”

父亲心里不由一阵叹息，他想，这孩子如果能够早十年出世，现在已经20岁了，或许能帮助家里干活了。

从此，岳飞天天跟着老父亲到田里去干活。

拜师学艺

时间过得飞快,几年之间,岳飞已经长得很高大结实了。在闲暇时候他总会想：一个人老死在这田地之中算什么呢？如果能够驰骋疆场，杀敌报国，那是多么威风的事情啊！岳飞一闲下来就常常去村子附近的武馆去学武。可是武馆的那些武师们没有什么真本领，只有一身蛮力，这对岳飞来说没什么真正的帮助。但是岳飞很喜欢武艺，只要一有机会，他还是喜欢与那些人切磋切磋。

岳飞有一个远房堂弟叫岳亨。有一天岳亨对岳飞说，远方有位武师叫周侗，他在村里开了一家武馆，听说周侗武艺高强。

眼见有这么好的机会，岳飞当然不能放过了，他便和岳亨一起找这个叫周侗的武师。

周侗看到岳飞，觉得这位少年很有资质。后来他听说这两人要拜师学艺，心里也很欣喜，就想先试试他们到底怎么样。

再看那位周师傅，鹤发童颜，目光炯炯，面色红润，声如洪钟，岳飞觉得这是位高人，不由得有了敬仰之心。

周侗问了一些简单的问题，这都难不倒两人。后来他又叫他们从兵器架上各取一张弓，想试试他们的膂力。岳亨只能拉得开八十斤的。岳飞一连拉了好几张弓，都觉得毫不费力。

周侗觉得果然没看错人，这岳飞是个人才，他又笑着说："岳飞，你试试我的神臂宝雕弓。"说完，从屋里拿出一张黑漆漆的弓。岳飞一见这张弓，就看出这是一张难得的好弓。

周侗郑重地对岳飞说："据我所知，这天下能拉得开神臂宝雕弓的人只有四个：我和宗泽元帅，再有就是我那两个被奸臣所害的徒弟。"想起往事，周侗神色黯淡，不禁叹了口气。

岳飞很小心地接过，左手握弓，右手执弦，深吸几口气，运足膂力，这张弓也被拉开了。

周侗忍不住喝彩一声，立刻收了他当徒弟。从此以后，周侗便把一身武艺全都教给了岳飞。周侗除传授岳飞武艺之外,还把一部书送给岳飞。岳飞接过这部书一看,原来是《春秋》。他在回家的路上歇脚时不停地翻阅，很是喜欢，从此每天都读得津津有味。

就这样又过了两年，岳飞 16 岁了，此时他已经是魁梧健壮的小伙子了。

这一天，师傅周侗听说县里的知县即将卸任，因为两人过去很熟，就带着岳飞一起去探望。相互问候之后，周侗也向知县介绍了徒弟岳飞，并炫耀徒弟很不错。知县说什么也不信，周侗便让岳飞现场表演一下射箭。

三人到了演武厅，知县叫手下把箭靶摆到离岳飞 120 步的距离，周侗阻止说：“120 步太近了，太近了，让他们摆到 240 步吧。”

岳飞什么话也没说，他走下台阶，扎稳脚步，挽弓搭箭，一下子连中靶心九支。李知县看得嘴巴都合不上了，等这九支箭射完，他禁不住大声叫好。

李知县看眼前这人气度非凡，而且武艺高强，便有心将自己 18 岁的女儿许配给岳飞。

师徒二人告别了知县，等回到岳飞的村子程岗村的时候，周侗便把事情告诉给岳飞的父亲。岳飞的父母很是欣喜，忙着张罗这桩婚事，不亦乐乎。

知县的女儿虽在娘家是掌上明珠，但是她为人却知书达理、善良体贴。等嫁到岳家，也是毕恭毕敬，十分孝顺。第二年，岳飞妻子便生下一个男孩叫做岳云。

岳飞雕像

转眼又是秋天，体力一向很好的周侗突然得了风寒，到后来竟然只能躺在床上了。岳飞得知情况之后赶忙过来服侍师傅，寻医求药。周侗也知道自己年纪大了，熬不过几天了。于是周侗把岳飞叫到床前，说:“我这当师傅的也没有什么可送给你的，这张弓是我一生的宝贝，就送给你了。”

又过了几天，周侗病情更加严重，不久就去世了。周侗也没有什么亲朋好友，于是岳飞就把他葬在沥泉山下，心中哀痛不已。

从此，每逢初一、十五，岳飞即使把自己的衣物当了，也要买些酒肉到师傅坟前祭奠。岳飞拿着师傅留给自己的神臂宝雕弓向空中连射三箭，然后把酒肉埋在坟头的旁边，满是哀伤的神情。

父亲见到岳飞的这个举动，不知是什么意思，便问他原因。

岳飞说："我师傅把毕生的武艺都传授给了我。我以后有什么样的前途，都是师傅的功劳。我向空中射三箭，表示不敢忘记师傅曾经教过我的射箭之术。这酒肉本来就是给师傅享用的，我更不能自己去食用。"

父亲被岳飞的话深深感动了。他说："你说得很好！你不忘记师恩，表示你不忘本。以后不管怎样，你都要记住今天的所作所为，以后忠君报国，也要坚守这个道理。"

岳飞也慷慨激昂地说："如果父亲允许我以身报国，儿子也定当不会忘记父亲今天的教导！"

父亲很是感动，说道："有这么胸怀大志的儿子，我岳和也可以不愧对岳家的先祖了！"

毅然从军

宋徽宗宣和四年，岳飞已经20岁了。那时候由于朝政日益败坏，各地的起义军以及贼盗势力四起，真定（今河北正定）路宣抚刘韐行文所辖州县，招募勇士。

岳飞见这是一个很好的机会，便很想去应招，可是一想到父母的年岁已老，又不忍心丢下他们而去。父亲听到这个事情之后，说道："怕什么！我们会自己照顾自己！好男儿志在四方，不要因为父母就永远待在家里。只要对国家有益的，我不阻止。如今你已经20岁了，是去外边闯一番事业的时候了，如果你能用自己的能力平息盗贼，让咱们百姓安居乐业，有一条生路，我死也瞑目了。”

岳飞得到了父亲的鼓励，便决定与岳亨一起去真定从军。

临行前，岳飞对妻子李氏一番叮嘱：希望多承担家中事务，多孝顺父母，并且嘱咐她多督促儿子勤奋学习。妻子都一一答应了。

这一天岳飞拜别了父母，便和岳亨一起寻着真定府而来。

刘宣抚在这数百名战士中一眼就注意到了岳飞，只见岳飞身材魁梧、气质非凡，别人都对他产生一种敬畏心理。刘宣抚想，这个人非同一般，将来必成大器，于是选定岳飞做小队长。

正在这时，刘宣抚收到来自知相州（今河南安阳）的王靖的书信，说有一股以陶俊、贾进和为首的盗贼势力正在作乱，攻打剽县镇，请求刘宣抚派兵支援。

岳飞果然气度出众，一得到消息，便自告奋勇，愿只带100个骑兵前去救援。

刘宣抚表示怀疑：“只带100个骑兵去支援，会不会太少了？”

岳飞立刻分析了敌我情况：“这帮盗贼都是乌合之众，我们用百个骑兵，直接攻其要害，或者用诱兵之计伏击他们。只要首领一灭，部下一定会溃散。从古至今，以少胜多，不在多，在乎精。”

刘宣抚对岳飞的见解深信不疑，但最后还是怕100骑兵太冒险，就又增加了100个。

岳飞选了200个精壮士兵，先让岳亨去打探盗贼所在的地方，再伺机定夺。

等到岳亨打探回来，说果然如岳飞所说，这群盗贼虽然有很多，但没有什么纪律性，只知道烧杀抢掠，喝酒闹事，相互斗殴，一盘散沙。

岳飞一听，早已胸有成竹，就先让岳亨率领30个人，扮作游人商客混入敌营，遇到盗贼也不要反抗，作为内应。

岳亨等人依计前往，果然被一小队敌人的队伍抓回去了，便都被编入队伍之中。

岳飞等岳亨他们走后，就带领其他人朝着贼巢进发，到太阳快落山的时候进入到了山区。岳飞仔细打量了周边的地势，便留下100人埋伏在树林背后，等听到岳飞的哨声再一齐杀出。一切安排妥当了，岳飞就带领剩下的70个骑兵，在天大亮的时候向贼巢逼近。

陶、贾二人听说有警报，就披挂上马，出寨一望，见才几十个人，狂笑不止地骂道："哪里来的不怕死的人，快点下马投降！"

岳飞二话没说，催马挺枪就刺，两人也驾马迎了过来。战了十几回合，他俩本来就不是岳飞的对手，但岳飞为了一举歼灭他们，就假装败下阵来。这两人还不肯放过岳飞，就紧跟在后面追赶。其他的盗贼也都跟着首领冲了过来。岳飞在前，两个盗贼首领在后，顺着山道，进到岳飞有伏兵的地方，岳飞一声长啸，两边伏兵一齐呐喊着杀出来了。

此时二人才知道中计，但是撤退已经来不及了。这两个人被岳飞和岳亨一一结果了性命。

盗贼首领一死，群龙无首，正在混乱中，岳飞便大喊：“想投降的就留下来，不想投降的就各自回乡去吧！”

众人齐丢了武器说：“我们都愿意归顺朝廷。”

岳飞整编了投降的士兵，让岳亨率领，又检点原来带领的200骑兵，一个都没有折损。

岳飞以区区200名战士，竟然剿灭了骚扰相州一带好几年的盗贼，这一战就成名了，他的威名不久就传遍了河北。

当岳飞带着投降的士兵，提着两个盗贼首领的首级来到相州州署，王靖得报，亲自相迎。

王靖本以为刘宣抚一定要派一个久经沙场的老将来救援，可一见面，竟然是位青年。如果不是亲眼所见，光听情报，他绝对不会相信。他十分欣赏这位年少英雄，特别备好筵席为岳飞贺功，又把战况飞报给刘宣抚，并请准留下岳飞等在相州任用。

有一天岳飞正在操练兵马，忽然来了一封家信，说父亲因病逝世。岳飞立刻将情况告诉王靖，急忙回去奔丧。

王靖正为了得到这个年少有为的英雄而高兴，怎知岳飞家中忽然出了大事，没办法，只好先将他送回家乡。

岳飞拜别了王靖，一路哭着奔回了故乡。看到了鬓发斑白的老母，二人更是抱头痛哭。毕竟母亲年纪大了，岳飞和妻子李氏也再三安慰，便将老母亲搀扶进屋。岳飞见了父亲遗体，更是痛哭不止，几天几夜都没进食。

母亲知道这个情况后也很心疼，就过来安慰岳飞：“不要这么样糟蹋自己的身体，要是有什么不测，你让你的老母亲和妻儿……现在国难当头，你应当将这份孝心化为对祖国的忠心上来，去报效祖国，你父亲知道后也会含笑九泉。”

金兵二次入侵

父亲过世，岳飞在家守孝，每天和岳亨勤练武艺，还在空暇时间研读《春秋》和《孙子兵法》。

就在这时，宋朝国土的北边发生了翻天覆地的变化，曾经一度威胁着宋朝北方边境的辽国，已逐渐衰败，取而代之的是辽东的女真族。

宋徽宗政和五年，女真部的完颜阿骨打在黄龙府（今吉林农安）称帝，国号大金。蔡京听到这个消息，就想和金朝约定好一齐攻打辽国，还可以收复燕云各州。中书舍人吴时等人却上疏说，不要轻易挑起边界战争，毁坏盟约这种事情对国家很不吉利。

徽宗看到上疏后，不知道如何着手，这时正巧有两位御医从高丽回来,也认为攻打辽国不妥。徽宗根据御医的言论，又结合了吴时等人的奏章，觉得不攻打辽国为宜，就将联金伐辽的计议暂予搁置，怎奈蔡京、童贯二人坚持以前的决议，徽宗无奈，只好派右文殿修撰赵良嗣，以买马为理由出使金朝，打算约定时间攻打辽国。双方协议同时出兵进击，金兵自平地松林趋古北口，宋兵自白沟夹攻。

宣和四年，以童贯为两河宣抚司，蔡京的儿子蔡攸为副，统兵15万，进攻辽国的燕京（今北京），却被辽兵打得大败。而金兵攻辽则势如破竹，自宣和二年起，金朝吞并了辽国的上京、中京、西京。十二月，金朝又三路出兵攻打辽国，一举攻克辽国的燕京。于是辽国灭亡了。

第二年的六月，金朝平州留守张谷叛离金朝投降宋朝。此时的金朝十分强盛，当然容不得张谷叛逆，立刻派干离不和阁母等挥军攻打平州。张谷逃到了燕山府（今北京大兴），金人便向燕山府索要张谷，宣抚使王安中见金兵凶悍无比，非常害怕，就奏准绞杀了张谷，并将他的两个儿子一同送到干离不营中。

这一年的八月，金朝皇帝完颜阿骨打在军帐中去世，享年56岁。完颜阿骨打有13个儿子，他留下遗命由胞弟吴乞买即位。

干离不自从攻陷了平州，便驻扎在城里。他得到消息称童贯和郭药师正在燕山府合并军队，便火速奏请金朝皇帝，应及时举兵伐宋，否则先机一失，将后患无穷。

金朝的皇帝接到奏章，觉得十分有道理，但也不敢轻举妄动。他深信“知己知彼，百战百胜”的道理，这也是他能灭掉辽国的原因。因此，所有奉派出使宋朝的使臣，皇帝都要亲自下指令，要他们密查暗访，例如：道路关隘的难易、民心士气的盛衰以及战备的虚实，等等，都要详细记录，或绘成地图。经过使臣的数次往返，已经渐渐得到了宋朝的大部分情报。而朝中很多大臣也说可以攻打宋国，于是金朝皇帝决定南侵。

到了宣和七年十月，金朝皇帝派大军由平州誓师出发，一路而南，逢州夺州，遇县占县，又得燕山府降将郭药师为向导，长驱南下，直逼黄河。

各地的警报如雪片般飞达汴京（今河南开封），徽宗开始着急了，他不得不下罪己诏，一边又诏令臣下起兵救援。但是远水难救近火，敌人虽未过河，宫廷内外已是一片慌乱。徽宗做惯了太平皇帝，什么时候见过这样的景象呢？情急之下，就把皇位传给了太子，即是钦宗。冰冻三尺非一日之寒，钦宗虽登大位，也无法起死回生。

靖康元年，金兵已到达国都的附近，朝中大臣们大部分赞成议和，只有极少数人建议战争。于是，钦宗被迫订城下之盟：割地、纳款、尊金朝的皇帝为伯父，并派亲王、大臣为人质，金兵这才退去。

御史中丞吕好问曾经向钦宗进谏："金人此时正是得志之时，轻视中原地带，来年必定会再度侵略，应该积极备战，不要延误了战机。"钦宗不但不听，反而颁诏大赦天下，任用张邦昌、李邦彦为太宰，并且不听劝告轻易挑起边界事端，招致金兵第二次气势汹汹而来。

这事端是如何挑起来的呢？原来在金兵返回的过程中，几个臣下过来救援宋钦宗。有些大臣建议，金兵既然带走了肃王，朝廷就应当拘留金方来使萧仲恭及赵伦。这两个人原本都是辽国的降臣。这两个人怕回不去，就撒谎说投降金朝是迫不得已，现在如果能回到金朝就作为内应，设法除去金朝大帅粘罕、干离不等人，宋朝便可以高枕无忧了。

这二人被释放了之后慌忙返回到金朝，向金朝皇帝报告此事。金朝皇帝听后极为愤怒，决定第二次派兵南下，定当一举灭掉宋朝。

靖康元年闰十一月二十五，金朝出动两路大军又来到汴京城外。宋国的君臣根本想不出抵御的办法，只知道请和。但是，几次请和都没有成功，最后只有写了一封投降信，由钦宗亲自去往金朝的营地去投降。

到了第二年的二月，金朝皇帝吴乞买接到宋朝的投降信，金朝皇帝贬徽宗、钦宗为平民，另立了一个异姓的为君主，要一举斩绝大宋的血脉。四月初，金朝大将粘罕等人押解着徽钦二帝、皇子王孙、后妃宫嫔及赵氏宗亲等三千余人，连同虏获的器物，起程回国。唯一幸免的只有康王赵构一个人。

康王抵达磁州（今河北磁县）之时，立刻被知州宗泽迎入城里。宗泽说道："肃王一去不回，难道大王也要重蹈覆辙吗？金人言而无信，今日割了咱们的三个镇，明天他一定会又来要别的地方，欲壑难填呀。大王不如暂时驻在磁州，随机应变不是更好吗？”

康王本来也打算不想往前走了，现在经过宗泽这么一劝，正中下怀，于是决定暂时留在磁州。不久又接到相州知州汪伯彦的帛书，拥护康王去往相州。康王也觉得磁州离敌人太近，不如相州安全，就转去相州。

不久，金兵围困汴京，钦宗得到消息说康王被军民留在相州，就招募敢死士秦仔等四人，密持蜡诏悄悄逃出了京师，赶往相州，拜康王为兵马大元帅，汪伯彦和宗泽为副元帅，火速率领河北的兵马去援救京师。秦仔到了相州，呈上蜡书，康王仔细读完，很有感触，于是立刻在相州大举招募义兵。

初露锋芒的时刻

决定再度从军

不久岳飞又听到新君主即位，觉得这是个绝好的机会去证明自己，而且新的君主定会有一番新的作为。但是后来听到朝廷一再割地求和，他不由深深感慨：这种缓兵之计，怎么能救得了国家呢？金人向来不守信誉，今天看他退了，明天必定又来，狼子野心，永无餍足的一天。朝廷百官，却没有人能为君主分忧，如果我岳飞能被起用，我定当不容金人这么猖狂！

如今三年父丧时限已满，刚刚脱去丧服，岳飞便立刻换上军服。突然又听到消息说金兵又大举入侵，已经逼到了汴梁城；又听说康王在相州张贴榜文，招募义士。

岳飞把准备投军的志向禀报了母亲。母亲很欣慰地说道："国事是最重要的，这事本来就该这么做！"

岳飞便拜别了母亲，辞别夫人，与岳亨一起去武翼大夫刘浩招兵的地方报名。刘浩了解到他正是擒杀巨寇陶俊、贾进和的岳飞，早就知道他智勇双全，就立刻带他晋见大元帅。

康王见岳飞英姿焕发，相貌威猛，不禁暗暗喝彩。等问清他的来历，听他谈吐大方，温文尔雅，就留他当元帅府的护卫。

相州西北聚集了一群强人，他们迫于生计，成立了一个庞大的起义势力。为首的人叫做吉倩，常使用一根狼牙棒，勇猛异常。朝廷眼见吉倩势力越来越大，决定派兵清剿。

康王把岳飞叫来问道：“我想让你去剿平吉倩，你愿意去吗？”

岳飞道：“我已经以身许国，当然是赴汤蹈火在所不辞！”

康王给了岳飞快骑 100 名，让岳飞带领着队伍剿清吉倩的势力。

快到吉倩的地盘，岳飞对部下说想亲自去他们的大营，说服吉倩投降，也免得一场杀戮。

于是岳飞带了岳亨，又选了两名精壮兵士，共四人，一路疾驰，来到吉倩的营帐外边。

岳亨大声喊道：“里边的人听着，相州大元帅府的两位岳爷爷在此，快叫吉倩出来见我们！”

营里的士兵们正饮酒作乐，从来不把官兵放在眼里。听到岳亨喊叫，就吩咐一名小头目说：“听他大呼小叫的，出去把他给宰了！”

那小头目带了几个士兵，见了四人，话都没说一句，举起刀来就砍。岳亨用棍一挡，小头目那把刀早飞上半空，吓得这人转头就跑。

岳飞叫住他说：“我不会伤害你的，你快去叫那吉倩出来见我。”

吉倩听小头目禀报说，外面来人很是厉害，就亲自披挂，提着狼牙棒走出营外，后面跟着一千多个小头目。吉倩的队伍中有四个人喊道：“哪里来的狂徒，来找死吗！”

岳飞大声地说道：“我叫岳飞，现在大元帅府担任护卫。”

吉倩打量着他说：“你就是那杀死陶俊、贾进和的岳飞吗？”

岳飞道：“是我。我看你也并不是普通人，现在国家正是多灾多难时期，金兵进犯，你不但不杀敌求立功的机会，反而做起盗匪来了，这不是大丈夫应当做的啊！现在康王九殿下在相州开大元帅府，特意派我来招纳你们，这正是你们弃暗投明的好机会，请考虑下吧！”

吉倩向来知道岳飞的威武勇猛，又觉得他很真诚，就下马请岳飞到营内喝酒。

岳飞也丝毫没有犹豫，很坦然地跟他们进去，和他们一起大吃大喝。

酒喝到正兴的时候，吉倩对岳飞说：“其实我们也愿意投降朝廷，只是这些年一直骚扰附近的州县，如果受到招安，还是害怕受到杀害。”

岳飞道：“我愿以性命担保，若有任何伤害您的地方，我情愿血溅五步！”

“你这话骗小孩子还行！”一个小头目拔出佩刀，朝岳飞砍去。

岳飞飞起一脚踢中那人的右腕，佩刀脱手飞到一边；再一脚正中他的下颌，那人站立不住，仰面倒地；再一脚直接踏上那人的胸部。

吉倩见此情景，急忙拜倒在地，带领大家投降。此次投降人数共 380 人，缴获战马 300 匹。康王十分赞赏岳飞，迁升他为承信郎。

受到宗泽的赏识

康王在汴京危急的时候，已成为兵马大元帅，考虑到相州城池不牢固，就在靖康二年正月十五带领汪伯彦、宗泽等人移驻到河北大名府。

此时，金兵沿河屯扎，大约有数十营。宗泽命令手下的士兵行动，遇到金兵后双方交战，先后捣毁金人的 30 多个寨。知信德府的梁扬祖带领 3000 人来与康王会合，梁扬祖麾下有张浚、苗傅、杨沂中、田师中等人的辅佐，个个勇猛无比。康王得到梁扬祖的补充，一时声名大噪。

宗泽建议康王应立刻率兵援救汴京，正好朝廷的使者曹辅从京中赶来，拿着皇帝的诏书，说现在还是议和为好，你们可以在附近屯兵，但是不要进京。

宗泽说："这分明是金人的奸计，想要拖延咱们救援朝廷。请大王立刻带兵赶去澶渊（今河南濮阳县西），按顺序驻扎。万一敌人真有不利朝廷的举动，那时我大军就在城下了。"

汪伯彦却说："诏书让我军暂时不要轻举妄动，怎么能违背呢！"

宗泽说："将在外，君命有所不受。况且怎么知道这道诏命不是受到敌人胁迫所下的呢？"

康王听信了汪伯彦的话，叫副元帅宗泽先去澶渊，并命先锋统制刘浩改任副元帅辖下前军统制。岳飞这时候还是隶属于刘浩的军队，跟着刘浩去救援京师，和金兵在滑州（今河南滑县）南面对峙。岳飞奋力斩杀敌军的猛将，敌兵感到很害怕，岳飞的骑兵在后面掩杀，金兵大败。此战斩金兵数百人，缴获数百匹马，岳飞当天就迁升为秉义郎。

康王派走宗泽，便与汪伯彦等人渡过黄河到了东平（今山东东平县），不久又去往济州（今山东巨野），只顾自己逍遥自在，对朝廷之难早已置诸脑后，不闻不问了。

宗泽奉命由大名直赶到澶渊，仍以刘浩军队为前锋，走到开德（今河南濮阳至山东德县一带）与一队金兵相遇。岳飞一马当先，首先射死两名掌骑兵，等金兵一乱，便驱马持枪冲入敌阵，枪挑剑劈，杀死很多金兵。金兵见岳飞勇猛无比，丢盔弃甲四处溃逃。岳飞再次立功，又迁升为修武郎。

这一年的二月，宗泽又与敌人在曹州（今山东菏泽市）发生遭遇战。岳飞率领小队士兵攻打敌人阵地，手执四刃铁简的兵器，碰到的人非死即残，岳飞的士兵也都以一当百。金兵从没见过如此骁勇的部队，只得节节败退。自此岳飞又立下战功，升为武翼郎。

宗泽见岳飞每战必胜，勇冠三军，十分赏识，就召见岳飞说："我发现你勇智才艺，即使古代的名将都比不过。每次你与敌人相遇，你都一马当先，奋不顾身。你虽勇猛，但这并不是大将之道。"说着就从案台上取来一卷阵图，交给岳飞让他仔细品读。

岳飞翻阅了一遍，就放在一边。岳飞读书，一向只取其中的精华要旨，绝不寻章摘句，所以读书速度很快。而且岳飞对阵图的理解也很透彻。

当宗泽召见岳飞谈论关于这个阵图的收获以及感受时，岳飞侃侃而谈，鞭辟入里。从此，宗泽更加器重岳飞。

然而京师这时却发生突变。不但皇帝皇后以及皇室宗族都被虏获，金人还想要立异姓取代宋朝，并且拥立张邦昌为皇帝。东京的留守王时雍在秘书省召集了百官，告诉他们拥立之意，百官大部分都唯唯诺诺，唯独御史马伸激动地说："我们怎么能坐视不管呢！"于是邀请御史吴给、御史中丞秦桧，一起拟写议状，斥责张邦昌祸国殃民，改立这个人为皇帝，势必被天下讨伐。与其这样不如让太子复位，这样宋金两朝都有利。秦桧本来不肯签上自己的名字，但由于马伸的盛情邀请，而且本身又是御史台台长，不得已才勉强写了自己的名字。

这个议状到了金营，粘罕看到后大怒，马上派兵将领衔的秦桧及其妻儿老小抓捕。

金营副帅金兀术的军师哈迷蚩见到秦桧，悄悄告诉金兀术说："这秦桧面白唇薄，两腮无肉，眸子不定，他的心术肯定不正，并不是忠于宋君的大臣，太子可设法善待他。"

金兀术说："我最讨厌这种不忠无节的人，为什么反要劝我善待呢？"

哈迷蚩说："只要给他点利益，就可以让他对我国效忠。以后会有用处。"

金兀术恍然大悟，就把秦桧一家养在自己的营中。

到了三月初八，金人就册立张邦昌为楚帝。张邦昌就换了皇帝的服装，朝着金朝拜跪。

金人立了张邦昌为楚帝，有了自己的傀儡，目的已经达到了。虽然知道康王赵构在山东，但因南下时间长了，金人想早点回去，也没有时间顾及，所以在四月初就押了被掳的大宋君臣宗亲踏上北归的路程。

金朝皇帝吴乞买看重秦桧不附立异姓的高风亮节，便赐给他乃弟挞懒为任用（执事），挞懒对他也很是器重，并将他当作亲信。

首次与议和派争斗

金兵回到北方以后，张邦昌知道自己是沐猴而冠，并不能善终，所以没过几天就迎接哲宗的废后孟氏居住在延福宫，尊为元祐太后，垂帘听政，自己仍任太宰的职位。张邦昌自即位为楚帝以来，一共才 33 天。

四月十五，元祐太后写信给康王，要他立刻来京师即位，张邦昌也带领百官赞同这次举动。

康王在济州逗留了很长时间，知道京城发生了突变。正在踌躇不决的时候，忽又接到吕好问书信说：“大王如果不即位，恐怕会有人篡位，还是以大局为重才好。”

宗泽力劝康王不要返回汴梁就职，恐有诈。因为张邦昌久居京城，怕他勾结金人，图谋斩草除根，如果贸然前往，那不是自投罗网吗？不如去往南京（今河南商丘）。南京是太祖的地方，交通也便利。康王觉得这个建议很好，就决议赶往南京。岳飞也就跟着中军副统领刘浩到了南京。

这年的五月，康王在南京即位，改元“建炎”，称作高宗，年龄才 20 岁，大赦天下，张邦昌和其他以前供奉金朝的官吏，一概不问。高宗命黄潜善为中书侍郎，汪伯彦同知枢密院事，吕好问为尚书右丞，张邦昌为太保，封同安郡王，又加爵为太傅，王渊为都统制，韩世忠为左军统制，张浚为前军统制，刘光世为提举，并命李纲为尚书右仆射兼中书侍郎（右相）。

李纲拜见高宗，极力辞去相位。高宗说：“我知道你很忠义，希望你不要再推辞。”高宗与李纲长谈一番，李纲才没有辞去相位。

随后，高宗又揭示张邦昌的罪状，免除他的职位，贬为昭化军节度副使，安置在潭州（今湖南长沙），不久又派人拿着诏书去到潭州，勒令他自尽。

对于那些承命议立异姓的人，诸如王时雍等，也都遭到贬谪。

李纲又建议高宗招兵买马，并奏请设置河北招抚司，由张所任招抚使；宗泽为东京（汴梁）留守，知开封府。

宗泽接到诏命，立即起程赴任。金人现在虽然已经回到北方，但在河上还有金兵留屯，而城内则更是兵民杂居，良莠不齐，盗贼也趁机偷抢掠夺，天还没有黑街上就已经是行人绝迹,家家闭户。偌大一座汴梁城,到了夜里就跟死城一样。

宗泽到了京城，首先修葺被金兵破坏的建筑，同时又下严令：凡是抢劫和偷盗的，不论他掠财货多少，一律以军法处罚。从此，城内的盗贼逐渐销声匿迹，整个城市也逐渐恢复繁荣。宗泽就建议请高宗回到京师。

不久，金人以出使伪楚为名，派人到了东京，宗泽立即将金人拘捕，并报告朝廷，决定将他就地正法。但高宗却下诏驳回决定，并将金人安置到驿馆，以礼相待。宗泽接到诏令，再次上疏说："金朝现在派人假借出使伪楚为名，其实是来探听虚实。臣请求将他斩首，破坏敌人的奸计。但陛下却受到奸人的蛊惑，不但不准许臣的请求，反而对金人优待有加，臣实在不敢听命。"

这个上疏到了南京，高宗不听宗泽的劝告，马上将金人放回。

岳飞听到朝中大臣在议论新建都城、不主张返回汴梁的事，而李纲对朝廷出的策划措施大多消极自保，没有一件事是说收复中原的，不禁义愤填膺，就不顾自身的官卑职小，上疏朝廷，痛陈利害。书中严厉斥责主事的大臣，言辞中肯。

高宗看完岳飞的上疏，虽然对岳飞的一片忠义和热忱很感动，但是上疏中的“迎还二圣”这句话，高宗很不舒服。

黄潜善最能察言观色，见高宗看奏章时脸色变得很难看，就乘机说道：“岳飞是军中一个小小的武官，越职议论朝廷大政，这很不好。而且这种风气不能扩大，以免有后人效尤。越职论政，扰乱朝廷体制，事情性质很严重，必须惩罚。”

高宗说：“那你是什么建议呢？”

黄潜善道：“把他贬为庶民。”

这是岳飞从军以来，第一次受到朝廷的打击。

岳母刺字

岳飞的本意是好的，他想让高宗兴复宋朝，必然要用忠义之人，不想却因越职言事被罢官，无奈之下只好回到汤阴故里侍奉母亲，但内心却始终有一份排解不开的报国情结。

一天，有一个年轻汉子背着包袱，风尘仆仆地前来拜访岳飞。

那汉子低头便拜：“小弟久慕大名，特来相投，向您学些武艺。”

岳飞说："这怎么使得呢！兄弟你有这个兴趣，倒可互相切磋。请问尊姓大名？"

汉子道："小弟叫黄佐，湖广人，曾学过两三手粗浅武艺。听说您是周侗老师傅的得意弟子，而且曾经以两百骑擒杀贼寇陶俊、贾进和；又曾孤军深入敌营，降伏吉倩。江湖上对您的胆识勇气十分佩服。"

岳飞请黄佐进屋。黄佐把桌子摆在中间，解开黄布包袱，取出一个精致的木匣，匣内装的是黄金珠玉。然后从贴身处取出一封书来，放在中央，说道："快来接旨！"

岳飞惊讶地说："这旨是从哪里来的？你要说明白才好接旨。"

黄佐道："实不相瞒，小弟是奉了湖广天大圣钟大王的命前来的。只因朝廷不明，信任奸邪，才招致金兵入侵我大宋。眼下宣和、靖康二帝又被金朝掳去，国家无主。我天大圣听从天意，以恢复中原为己任，以安抚百姓为使命。在江湖上听说您的大名，命小弟前来礼聘，同扶江山，共享富贵。"

岳母刺字

岳飞严肃地说："这位壮士，亏你还

在江湖走动，怎么能说朝廷无主？现在康王九殿下已在前月于南京即位。这样的大事，你竟然不知道吗？”

黄佐也挺着胸脯说：“即便如此又怎么样？天下人之天下，有德者居之。大宋气数已尽，我天大圣顺应天意而已。”

岳飞摆摆手说道：“你不要再说了。我岳飞生是大宋的人，死是大宋的鬼，何况我还曾经受过武翼郎一职，怎么能背弃国家呢？”

黄佐请岳飞三思，岳飞没有同意，又进内向母亲要回那二百两银子，交还黄佐。黄佐只好拜辞离去。

岳飞转身进屋内见了母亲。母亲询问情况，岳飞就把经过情形简述了一遍。

太夫人听罢，沉吟了一下，就说：“你到前厅摆下香案，准备香烛。”太夫人便带了媳妇一同来到中堂，先点上烛拈了香，拜过天地祖先，然后叫岳飞跪着，媳妇磨墨。

岳飞便跪下着问：“母亲有什么吩咐？”

太夫人说道：“我是见你不受诱惑，甘守清贫，不贪浊富，这正是娘所希望的。但怕将来再有那些奸诈之徒，前来引诱，你要是一时失去理智，做出些不忠不义的事，岂不毁了一生？所以我才祷告天地祖先，要在你背上刺下‘尽忠报国’四字，但愿你终生不渝，做个忠臣，那么我也将会含笑于九泉之下。”

岳飞赶忙说：“圣人云：身体发肤受之父母，不敢毁伤。母亲的训教，我一直记着，不必再刺字了。”

太夫人也说道：“胡说。倘若日后一时把持不定，做出大逆不道的事来，被捉到官府去，被敲被打，你也能对官府说，身体发肤受之父母，不敢毁伤吗？”

岳飞忙赔笑说：“母亲教训极是，那就给我刺字吧。”说完把上衣脱下，露出脊背。

太夫人取过笔，先在岳飞脊背正中写了“尽忠报国”四个字，然后拿根绣花针，在他背上一针针地刺。

看到岳飞的背脊突然一耸，她就停下来问道：“很痛是吗？”

岳飞忙说：“母亲您还没刺，怎么会痛呢？”

太夫人就咬紧牙关，在墨迹四缘一针一针地刺，刺完，再涂上醋墨，便永远不会褪色了。

几经波折投身宗泽

岳飞在家待了两个月，虽说可以趁机侍奉老母，但每回想起君主被俘虏的耻辱，以及金兵在河北骚扰的情况，便不禁热血沸腾，忧心如焚。

一天，岳飞忽然听到人说，河北的招抚司已在北乐（今河北大名）设立，招募河北忠义人士，便把这事禀明母亲，前去报名。太夫人也很高兴，并勉励他应尽心国事，不必担忧家中。

岳飞于是拜别母亲，并郑重嘱托夫人要孝敬母亲，教导儿女。正要起程,忽然看见九岁的儿子岳云从外面玩耍回来。岳云虽然有九岁了，但是人十分瘦小，而且由于祖母格外疼爱，不免有些娇纵。所以岳飞就将他叫到跟前，切实叮咛他要听母亲的教导，孝顺祖母，爱护弟妹，更不要荒疏了功课武艺。岳云对父亲的叮嘱都点头答应。

岳飞晓行夜宿，来到北乐，去招抚司投了牒文，说明来意。招抚使张所在名册中看到汤阴岳飞的名字，就叫他到抚署来见。原来张所虽然没见过岳飞，却早从宗泽口中听到岳飞的智勇。宗泽十分赏识他,并对张所说:“岳飞终非池中物，有朝一日，其成就必在你我之上!”

月前张所接到李纲的手书，说岳飞上疏触犯了黄潜善等人，被削职为民，十分可惜，自己虽身为右相，却无能为力，因此，要张所时时刻刻留意着。

岳飞拜见了张招抚。张所从容问道:“我听别人说，你每次与敌人交锋，都是勇冠三军。你自己觉得到底能够打得过多少敌人呢?”

岳飞说道:“勇不足恃,勇而无谋,是匹夫之勇。用兵之要，在于先策定谋略，谋略是胜负的先机。为将者，不患无勇，但患无谋。今之用兵者，都喜自夸，己力足以冠绝三军，但如在未战之初，无一定之谋划，已战之后，自无必胜之把握。所以兵法才说，上兵伐谋，次兵伐交。栾枝曳柴以败荆，莫敖采樵以致绞，这都是用谋之道。”

张所本是读书人,听了岳飞的议论,不禁跃然而起,说道:

“您确实不是普通人。”赶忙请岳飞坐下，二人共同商讨国家大事，此时二人更是惺惺相惜。

这个月的十八，张招抚接到京师的消息，太师李纲因遭黄潜善、汪伯彦的陷害，被罢去相职，改任观文殿大学士，提举杭州洞霄宫。听到这个消息后，张招抚不禁与岳飞叹息不已。算起来,李纲担任丞相一职不过77天而已。人去政息，李纲在位所有军政规划，全都废罢。这时金兵又开始虎视眈眈，有大举南侵之势，而中原各地也盗贼四起。朝廷根本没有能力去做什么，只想一再掩饰，毫无防御的策略，收复失地早就成为黄粱之梦了。

这一年的晚秋，金兵大举越过太行山，攻向新乡，有围攻大名的趋势，张所命令都统王彦带兵前去迎敌，叫岳飞领兵一同前往。

岳飞当时是一个人来报名的，没有兵马，张抚帅让他到教场去点选千人。岳飞领命前往挑选，选来选去，只选了600名。张所又让他到自己营中再去挑选，岳飞便又去选了200名，加上前面选的一共800名。

张所诧异地问道：“难道1000人都挑不到吗？”

岳飞低头说道：“就是这800人吧！”

别小看了这支只有800名的队伍，日后这800勇士都做了岳飞背嵬军（亲随军）的骨干，也做了常胜岳家军的中坚力量。

随后,岳飞跟着都统王彦过河,与敌人在卫州新乡县（今河南新乡）相遇。王彦便把军队驻扎在石门山下，远远望去，漫山遍野的金兵，有数万之众，军队的将士都有些气馁胆怯，只有岳飞坚决出战。岳飞认为敌人虽然人数众多，却是势骄气散，如果用精兵突破，斩掉首领，夺下军旗，敌人的气势一定大减，战胜敌人易如反掌。

王彦听了之后还是不同意。岳飞见王都统及部将，一个个的都很怯敌，就自己带领部下的800人直冲敌阵，夺取了敌军的大旗，骑着马不停挥舞着；王彦的部队见到出现这种情况，也都敲战鼓声援，金兵纷纷后退。岳飞收复了新乡县，擒获金兵千户阿里孛，击溃万户王索。

岳飞部队继续向北追击，第二天，在侯兆川与敌人相遇。岳飞一骑当先，率领部队死战，杀了一天，虽然将敌人杀退，但是军中没有了粮草，就派人向王彦请求补给，王彦不给，军队只好杀马充饥。

岳飞带领着800勇士，紧追在敌人背后，到了太行山麓，又与金兵大战，生擒了敌将拓跋乌耶，俘获战马数十匹。

这时从京师传来消息称，朝廷已将河北招抚司罢免，张招抚也被派遣去管岭南了。岳飞只有叹息，慨叹苍天不公。

这时候金帅黑风大王率着三万部众杀到跟前，岳飞就把这一腔的怒火全发泄到敌人身上。他持着丈八铁枪，冲着黑风大王飞奔而来。黑风大王见岳飞如天神下降般，早已经吓坏了，不过几个回合，就被挑下马来，再一枪结束了性命。敌兵见主帅一死，而岳飞和他的部队又势不可当，早吓得屁滚尿流，纷纷逃到了太行山里。

岳飞虽然消了怨气，但招抚司被取消，又不被王彦所容，一时不知该去往何处。后来岳飞想起宗泽现在还在汴梁，就带领部队过河去拜见宗泽。

宗泽看到岳飞过来投奔，十分高兴，立刻授予他留守司统制的职位。宗泽当时已经69岁，而岳飞才25岁，这两人可真算得上是忘年之交了。

金军疯狂南侵

宗泽自打受命留守东京以来，就开始聚集兵力，储存粮草，招致叛降，结识燕赵的豪杰，他认为渡河收复失地、迎还二帝已经指日可待了，便一再上疏请高宗回京，但这些上疏都被黄潜善与王伯彦等发现后扣押不报。眼见得大好时机就这样从眼前溜过。金人自张邦昌被废自杀以后，又开始侵掠两河（指黄河以北山西、河北地区）州郡。

现如今金兵再度疯狂南侵，单凭一州一郡之力，实在是难以抵挡，于是一个州被破，另一个州也很快就被攻下，这好像秋风扫落叶一样那么轻松，两河的州郡都落入金兵之手。

警报频频传到南京，高宗决定巡幸扬州暂避敌锋，并且下诏说，如果再有人上疏蛊惑，定当杀无赦。

这一年的十二月，粘罕与金兀术兵分两路，大举进犯。

第二年的正月初三，金兵攻陷徐州，又攻破楚州，顺势南下，侵占了天长，扬州也岌岌可危。

高宗听到消息，慌忙奔赴瓜州，找到一只小船，渡过了长江，随行的只有护圣军士兵几个人，以及王渊、张浚等人，傍晚到了镇江府。黄潜善和汪伯彦得到高宗的消息，顾不得吃饭，就骑马奔镇江而去。

正月十三，高宗觉得镇江地方易攻难守，又向南跑到了杭州，并改杭州为临安，一边下罪己诏，一边罢黜了黄潜善与汪伯彦二人的相职。

三月初五，高宗因为向南走得匆忙，原有的六军都统大多没让跟随着，这样就使扈从统制苗傅、刘正彦认为有机可乘，拥兵作乱。他们杀死了皇帝的宠臣王渊以及内侍一百多人，又逼迫高宗让位给太子甫，由隆佑太后垂帘听政。

四月，韩世忠、张浚、吕颐浩、刘光世等同时领兵救主，讨伐苗、刘。苗、刘败亡后，高宗才得复位。

又过了一个月，高宗觉得杭州难以久留，便又向北去了江宁，不久，改江宁为建康。但由于金兀术再度大举南侵，来势汹汹，高宗认为建康无法固守，便再次向南方奔逃，先到临安，再到越州。而金兀术则紧紧跟在后面。高宗急得对右相吕颐浩说："事情急迫了，这该怎么办呢？"

吕颐浩建议先乘船到海上躲避一阵子，"北方人大部分以骑兵为主，不善于乘船，而且江浙地带气候炎热，必然不能待的时间太长，等到他们退去之后再回两浙也好。他出我入，他入我出，这也是兵家的奇谋啊！”高宗对此深信不疑，便向东去了明州（今浙江鄞州区）。

金兀术攻陷建康，又向临安追击。当他们到达独松岭，见独松关上竟然没有人把守，就对部下说：“南宋真的是没有一个人懂得兵法。即使是这个关隘只几百个士兵驻守，我们也插翅难飞。莫非是气数已尽，赵构本该灭亡了？”

一路顺畅，到了临安，临安的守臣康允之还没开战便弃城逃走了，只钱塘县令朱跸带领数百士兵及弓箭手，在中途阻击。虽然寡不敌众，但由于朱跸和手下都个个奋勇，浴血苦战，无不以一当十，战斗到了最后一人，金兀术措手不及，花费了不少力气，也损失了不少人马，才夺下了钱塘。金兀术不禁叹道：“没想到，南宋竟有这样不怕死的壮士！假使南朝将士都是如此，我们也是难以越雷池一步吧！”

高宗乘楼船漂洋过海到了定海（长江与杭州湾交汇处）。金兵也派出船只攻陷定海。楼船走到昌国（今山东临朐），金朝的船只也如影随形般地追袭到昌国。楼船南下温州，金兵紧追了 200 里，被提领海船张公裕击退，金兵无功而返，楼船于建炎四年正月二十一，暂时停在温州港口，高宗君臣这才缓了一口气。

岳飞自从投奔宗泽之后，先后在胙城县及黑龙潭龙女庙侧官桥大败金兵，俘获女真李千户渤汉儿军等，送到留守司，宗泽也一再慰勉有加。

但宗泽却由于得不到朝廷的支持和信任，黄潜善更是派亲信郭仲旬为副留守，作为监视，以至于宗泽忧愤成疾，背上生了一个碗大的疽疮，十分痛苦。到了建炎二年七月宗泽已经卧床不起了。

岳飞听到消息，连夜赶回留守司看望宗泽。宗泽见了岳飞之后勉强起身，紧紧抓住他的手说："鹏举（岳飞的字），你来得正好。我日夜担忧两河那些失去的土地，以及二帝在他朝所受的屈辱，以致抑郁成疾，生了这个病，现在已是病入膏肓。这恢复失土，迎还二圣的责任，就只有交给你了！"说完，宗泽老泪纵横。

岳飞安慰说："这您尽管放宽心，您的教导，我都牢记在心，绝不敢忘却。"

宗泽宽慰地说了声"好"，抓住岳飞的手渐渐松开，眼中神光渐渐涣散，口中只喃喃说道："出师未捷身先死，长使英雄泪满襟。"语声渐渐低弱。岳飞眼见这位忠君爱国，对自己尤为眷顾的长官，现已近弥留，心中无限悲伤。

宗泽忽然睁开了眼睛，茫然四顾，口中连连低呼："过河……"他的声音逐渐微弱，最后，终于溘然而逝，享年70岁。

除了父亲及恩师周侗外，便是宗泽的去世使岳飞分外沮丧和痛苦。自其从军以来，曾遭遇了三位知州长官，而今都已先后撒手尘寰。刘宣抚使被金人拘留，迫降不屈，自杀殉节；张招抚使被贬潭州，被贼盗刘忠所虏，诱叛不遂，被害身死；而宗留守却又壮志未酬，抱憾长逝。他目睹这位忠君爱国者，抑郁而终的痛苦。他暗暗发誓，有生之年，一定要完成宗泽的遗志，死而后已。

自去年金兵攻陷两河州郡，汤阴也未能幸免，这使岳飞日夜忧心，生怕老母受到滋扰。岳飞曾好几次派人秘密返乡，试图接出老母与家人，但因道路险阻，接运困难，加之老母旧病复发，难耐启程。姚太夫人为了不让岳飞焦虑，也曾派人带来口信说家中一切安好，让他放心。但是岳飞是十分孝顺的人，一天不能接出老母，一天不能心安。

多年来，他曾多次与金兵交战，都是杀得敌人人仰马翻。一旦岳飞的乡籍被敌人获知，那不要泄愤于他的家人吗？每每想到这些，岳飞都会出一身冷汗。幸好，他最近曾派岳亨再次返乡，虽然还是无功而返，但是老母和妻儿都平平安安，这样他才稍稍放心下来。

战场奋勇杀敌

解京师之围

宗泽去世以后，京师中的士绅曾联名保举宗泽的儿子宗颖继位，但朝廷却派了杜充过来。

杜充虽身居要职，却酷虐无谋，刚愎自用，还贪生怕死。

岳飞尽管眷念前留守的知遇之恩，但对新长官更是小心谨慎，不敢有任何差池。

杜充接任之初，便把宗泽所建立的规章制度全部予以废除，致使那些已受宗泽招安的山贼强盗，一个接一个地离开了，继续干以前的勾当。

八月初，金兵进袭泛水关，对汴京虎视眈眈。由于泛水关距汴京很近，如果泛水被敌人攻下，那么京师便直接受到威胁。杜充急忙让岳飞前去迎战。

岳飞领命来到泛水前线，只见一名金方骑将，耀武扬威，来回奔驰。岳飞立刻跃上马背，弯弓发箭，正在奔驰的敌将应声栽下马来。金兵见此情景，开始胆怯，纷纷后退；岳飞带领部队奋力追击，杀死敌人无数。

后来岳飞又奉命在竹芦渡（今河南荥阳）与敌人相持。

岳飞所带的军粮有限，又无处补给，必须速战速决。所以岳飞挑选了300名精锐士兵，隐藏在前山山下。到了半夜，岳飞让这300人各执柴草两束，两端点火，就像有四个火把，从远处望去，一个人成了四个人。敌人从梦中惊醒，认为宋军援兵到来，不战而逃。岳飞乘胜追击，大破敌军。这是岳飞六年来又一次以少胜多的奇迹。岳飞再次立下奇功，迁升为武功郎。

建炎三年正月，王善会同曹成、张用等人一起进攻汴京，进逼京城的南熏门。

王善是涓州（今山东濮县）人，生得勇猛，号召一些乡民起兵作乱，因为势力庞大，州郡却对他无可奈何，后来更多的人纷纷加入王善的势力，没过多久就达到了数万人，王善将其分为六军，各自委任头目统带。

宗泽曾经派人以忠义之理说服他们，因为宗泽的威名远播，王善等人就接受了招安。杜充认为王善等人屯兵京城东南，声势浩大，将来如果不听指挥，会难以制服，就乘其不备，派人突袭，因而招致这些人联合进攻京城。王善队伍一共五十多万人，喊声震野。杜充与留守司众将士看到王善队伍势力庞大，吓得面面相觑，不敢作声。

这时，岳飞挺身而出，愿带领部队出城杀敌，其余将士个个噤若寒蝉，没人赞同。

杜充下了座位，轻拍岳飞肩膀说道："将军的神勇我早有耳闻。京师的生死存亡，就在此一举了！"

岳飞慷慨地带领部队出发，跟随他的仍然是那800骑勇士，大部分将士都担心王善队伍势力庞大，恐怕难以抵抗。

岳飞说："王善队伍虽然势力庞大，但都是些乌合之众，各怀私心，只要攻破其中一个部队，挫了他们锐气，其他的就不足虑了。让你们看看我是怎么破敌的！"

说完，岳飞左手握弓箭，右手持铁矛，率领他的800骑勇士们排成楔形跟随其后。岳飞的部队虽然只有数百人，却都接受了严格训练，不但枪法娴熟，而且都能弯弓左右射，箭无虚发，因此，每与敌人交战或遭遇敌人，每人先发数箭，在士气上压倒敌人；接近敌人就近搏，远者枪挑，近者刀砍，战无不胜。

岳飞率先闯入敌阵，大喝一声："岳飞来也！"岳飞擒杀盗贼陶俊、贾进和，单骑降伏吉倩，他的神勇事迹早已脍炙人口，正所谓先声夺人，他进入敌阵，枪挑剑砍，犹如斩瓜切菜一般，敌人躲避都来不及，谁还敢迎战！岳飞后面的数百骑也以一当十，正像虎入羊群，枪挑处，人仰马翻；刀砍处，脑浆迸裂。

王善眼看要压不住阵脚，就亲自提了厚背大砍刀前来迎战，正遇着岳飞，被岳飞连出数枪，打得他两臂酸麻，顿时汗流浃背。眼看敌不过了，王善回马便走，岳飞紧追在后，两人一前一后，在敌阵内往来竞逐，将敌阵冲得七零八落。王善队伍眼看不行，就四处逃窜。王善得到几名亲随的掩护，落荒而逃，奔往陈州（今河南淮阳）去了。

京师之围终于被解救了，而岳飞也因为战功卓著而升为武经大夫。

岳家军勇猛作战

杜充得到陈州的警报，王善率领残余部队围困陈州。杜充立刻传谕岳飞，移兵会合都统制陈淬，围捕王善。此时，岳飞刚刚擒获了侵扰东明县（隶河北大名府）的杜叔五与孙海等盗匪，正在返京途中。接到令谕，他立刻兼程赴援。

到了临近的地方，岳飞让岳亨以游击方式，围堵盗匪剽掠的路径，虏获了大批的战利品。盗匪一见是岳飞的旗号，早已胆战心惊，斗志全无，还没作战，就已经土崩瓦解，岳飞又擒获了孙胜、孙清等人。这场战役下来，岳飞又升武德大夫，真授英州刺史。

由于金兀术于六月间大举南侵，所过州县，下令禁止人民穿着汉人服装,改行金人风俗,男人一概照式髡发（剃头）。不遵令办理者，杀无赦。因此，杜充见敌兵进境，便决定弃汴京，转进建康。

岳飞恳切劝阻，认为中原土地，一寸也不可轻易放弃，更何况社稷宗庙全在京师，帝王陵寝全在河南，现在的一个决定，京师不保，等以后想再收复，恐怕代价惨重。

但杜充去意已决，岳飞只有随他一起前往建康，内心却痛苦不堪，心想，现在一去，对于收复河北，迎还二圣的道路又加长了一段距离。

杜充擅离职守，高宗不但没有怪罪，反而迁升他为枢密副使。高宗向南逃到临安时，下命杜充兼任江淮宣抚使，留守建康，王躞为副。韩世忠为浙西制置使，扼守镇江；刘光世为江东宣抚使，守太平池州（今安徽贵池），全由杜充节制。

冬月初，金兀术率领大军，会同李成，经滁州（今安徽滁县）、和州（今安徽和县）进袭乌江。

李成原是雄州（今河北雄县）归信县的弓箭手。他在河朔一带以骁勇著称，不少人慕名来归，渐渐也聚集了三五千人，他纪律严明，关爱士卒，与士卒同甘共苦，很受部下的爱戴，后来立了一些战功，当了归信县县令。雄州沦陷，李成带领数万人，扶老携幼，渡河东归，朝廷提拔他为忠州防御使。后来朝廷的一些人又担心他势力日渐扩大，难以约束，就让他调拨两千人到南京，一千人驻宿州（今安徽宿县），其余士兵就分批调换。李成立刻明白了朝廷决策的真正意义，因此，到了宿州，便带领原部队人马一起反了朝廷。朝廷知道消息后，立刻命刘光世前去平乱，大败李成，招降两万多人，李成奔逃，为求自保，就投靠了金兀术。

乌江紧靠长江，位于江苏与安徽交界。乌江如有差池，建康便直接受到威胁。

尽管军情紧急，但建康留守杜充却没有御敌准备，每日都闭门不出，留守司将领屡次前去请示，他只是不答，众将也猜不透他是何居心，拿他没办法。

到了腊月十八这天，金兵由马家渡渡过了长江，直扑建康。杜充这才派都统制陈淬会合岳飞等 17 人，领兵二万，前去应敌。另派遣王善领兵二万，作侧翼支应。

两军相遇，立刻展开了厮杀。战斗正酣，王躞竟率领着部队向南逃去，留下一道缺口，而兵力未及补充，金兵便由这道缺口绕到宋军背后。宋军腹背受敌，支持不住，纷纷溃散。

此时，只有岳飞还在指挥徐庆、王贵、岳亨等，与金兵做殊死决斗。其他部队已经溃散，阵脚已乱，而且天色已晚，于是全军退至城外钟山暂时驻扎，由于辎重财物等都被别的部队带走，士兵困乏，将士们都露出叛意。第二天还没有破晓，戚方首先逃走。岳飞洒血激励部队说："我辈身受国恩，自当以忠义报国。为国立功，名垂竹帛，死而不朽。如果只求偷生苟活，或降虏，或为盗，必至身败名裂，成为千古罪人，上无以对祖宗，下无以对后代，实为智者所不取！建康据江左形胜要地，一旦陷入敌手，立国屏障尽失。今日之事，有死无二！凡敢出此门者，杀无赦！"岳飞言词慷慨，部队深受感动，不敢再有异心。

岳飞又号召其他部队将士，共赴国难，团结御敌，高呼道："凡不愿为红头巾者，跟我来！"一时傅庆、刘经等都以所部相从。

杜充似乎早就有投降的打算，所以一等到金兵到来，便带着家人老小及库府金银，降了金兀术，建康终于沦陷。

岳飞深知独木难支，而其他部队同傅庆、刘经等人也不过两千人，而且粮草缺乏，于是决意向南方转进，岳飞预料金兵必然袭击临安，广德（今安徽广德）为其必经之地，就率领王贵等将士，打算在广德阻击金兵。

金兵果然浩浩荡荡杀奔广德而来。岳飞整顿军队，傅庆、刘经各率军队，由敌人左右侧攻；自己挺枪驰马，迎头痛击。金兵一路无阻，如此势如破竹般杀来，难免有了骄气，不把宋兵当回事。谁也没想到岳飞这 800 勇士，如生龙活虎般地左突右冲，挡者必死，近者必亡；而傅庆、刘经两军，又恰似两把大剪刀，把敌人队伍割成数段。

一战下来，杀死敌人1216人，擒获女真汉儿王权等24人，俘虏诸路剃头金军首领 48 人。

在这 48 个人中，选取 10 人，在夜间把他们带进帐来，并设座赐座。这些人原以为被俘只有一死，谁也没想到岳飞不但没有加害，反而和颜悦色相待，但心中仍不免忐忑。

岳飞说：“我不杀你们，你们不要害怕。你们本来都是北方人，必有妻儿老小在家，如今却来江南厮杀，为了什么呢？如果被杀，岂不冤枉！留下妻儿老小，谁去照看？”看到这些人都有些触动，接着又说：“只要你们不再继续南进，便可全身回家，看望家人，怎么样？你们可以自己选择。”

众人一齐说：“如果能返回家乡，我们愿赴汤蹈火，全听您指挥吩咐！”

岳飞又说：“我不会为难你们的，你们回营地，只要把那些炮车和随军辎重财物器仗乘夜放火烧掉。没有了辎重财物，金兀术必定退回，你们不就可以回去了吗？”

众人也都说必照吩咐去做。岳飞叫人秘密将他们放回。当夜，果然见金兵营内火起，岳飞率众乘乱杀进去；金兵仓皇败退，死伤无数。岳飞将所部暂驻扎到钟村，扼住金兵出路，金兵则驻在相距十里的涟村。岳飞由于独军前进，而朝廷这时正在海上逃亡，所以部队缺少补给。由于岳飞纪律甚严，士兵宁可忍饥受寒，也没人敢轻取村民一草一木，即使善意招待，也不敢接受。他们有句口号是“冻杀不拆屋，饿死不打虏！”

岳飞经常谆谆告诫将士，军人任务为保民，对人民不得有任何借口骚扰，将士也都能谨遵命令，不敢丝毫触犯。夜间在民户门外歇宿，即使天降雨雪，居民开门邀请入内，也无人敢进屋。晨起行前，必先清扫雨雪；夜间不得大声喧哗，因此，居民经常不知道有军队经过这里。与老百姓交易，更不得压低价钱。曾经有一个士兵向村民买柴，村民为表示对岳家军的敬意，自愿少收二文钱。这个士兵说道：“好意心领。我却不愿以二文钱换我首级！”类此事例，不胜枚举。

当岳飞部队经过钟村附近，村民互相提醒说：“这是岳爷爷的军队！”那种崇敬之情溢于言表。

与家人团聚时刻

岳飞在广德大胜金兵，忽然有情报说，金兵入侵北境溧阳（今江苏溧阳）。岳飞即刻命令部将刘经率1000人，轻骑疾驰前去救援。刘经夜半抵达城外，金兵竟然不知道有兵来援，各个睡得正酣，被刘经杀了个措手不及。此战共杀获500余人，俘虏女真汉儿军、伪知溧阳县事渤海太师李撒八等12人及千户留奇，一举收复了溧阳。

建炎四年元旦，岳飞在广德平静度过。

正月间，金兵入侵常州（今江苏武进），常州知府周杞得知岳飞正屯驻广德，立刻派遣属吏赵九龄兼程请求岳飞北上救援。

常州濒临运河，是往来漕运的必经重镇，如果能坚守，便可控制住运河水陆交通，还可截击金兵归路，等到金兵北返，便可杀他个片甲不留。岳飞正积极筹划进军迎击，可惜常州在赵九龄尚未抵达广德前便已被攻陷。

而江南此时正一片混乱，由于金兀术入侵临安，高宗带领臣下在海上避难，导致朝政无人，州郡各自为政，盗匪猖獗，侵州掠县，百姓没有安静的日子。

宜兴（今江苏宜兴）临近太湖，为驰名的鱼米之乡，物产丰富，人民富足，最近也遭受巨盗郭吉及马泉、林聚等劫掠骚扰，他们公然与官兵为敌，官兵拿他们没有办法，眼见匪势日益扩大，使得居民倍感危机。

宜兴有个叫令钱谌的人认为只有请岳飞来救援，才能使盗匪销声匿迹。广德和溧阳大捷，已使岳飞威名远播，无人不知。于是他联合城内大户请求岳飞来宜兴屯扎，还说，城内囤粮足够驻军万人用十年的时间。岳飞欣然同意了。郭吉听说岳飞要移驻宜兴，知道自己敌不过他，三十六计走为上策，便把劫掠所得，装载大小船舶一百余艘，连夜朝太湖方向逃走了。

岳飞让王贵与傅庆各率两千人兼程追剿,不到半天时间,除捕杀贼头郭吉，并将他们所掠的财物船只一起俘获了。宜兴官兵和百姓无不感激万分，将他当作神人。

马泉与林聚虽稍逊于郭吉，却也拥有精锐贼众数千，他们到处打家劫舍。岳飞为了剿平郭吉余党，派人进入贼匪的巢穴去招降，晓之以是非，谕之以利害。马、林二人深知罪孽深重，岳飞大兵一到，自己连死的地方都没有，还是主动投降为妙。

但是一个自称张威武的匪首却拒不投降，他挺身高呼道："兵来将挡，水来土掩。我没听说过还没打仗就先投降的。我就不信岳飞会有三头六臂，我倒要会他一会！"

岳飞听到消息，立刻一人前往贼巢，下马大声说道：“岳飞在此，哪个不服，出来答话！”

张威武提刀而出，说道：“张威武不服！”话犹未完一步抢入，举刀便砍。

岳飞滑步一闪，让过刀锋，飞起右脚踢他的手腕，将刀踢落；又用左脚旋踢他的膝弯，张威武立脚不稳，只能倒下；再以右脚尖对准他的太阳穴踢个正着，张威武顿时一命呜呼。这三脚连环踢出，只是呼吸间那么个空当，就把一个身强力壮、自号威武的人结果了性命。看得全营目瞪口呆，一齐跪倒，说道：“我们愿意投降！”

自此，宜兴一带盗匪销声匿迹，而潜匿太湖的水贼也纷纷逃往外地。常州的吏民弃了产业移来宜兴居住的，几达万余户。

居民为了感戴岳飞保境护民，除建立生祠供奉外，还家家绘了图像，早晚瞻仰参拜。

岳飞征战数年，现在居住在宜典，总算换得一些清闲日子。

虽然是有些清闲日子，但他还是时刻思念母亲，前后已派人去乡里 17 次，却总是无法将母亲接出来，每想到这里，就不禁内心悲痛不已。

一天，岳飞将岳亨找来，说明心意。岳亨说：“请你放心，这一次我死也要把伯母接来！”

岳亨走后，岳飞苦苦等待，坐卧不宁。到了二月份，岳亨终于排除万难，把岳飞一家六口接来。

张完是宜兴大户，家中房屋宽敞。听说岳母及孙、媳自乡里赶过来，也替岳飞高兴，立刻命家人打扫了一处别院，让他们当作居处。岳飞很感谢他的好意，但还是声明必须按时交房租。

张完哪里肯依，说道："你为我们宜兴出生入死，已经成为这个地方的神圣之人，难道就不容我表示些心意吗？"

岳飞强调这是私事，占取民宅，视军法处置。

张完也说道："这确实并非是公事，是我对您的盛情，请不要拒人于千里之外。"

岳飞不好意思再拒绝，只有答应了。

这个消息不胫而走，传遍了整个宜兴城，家家燃放鞭炮为岳飞庆祝。

姚太夫人觉得很欣慰。虽然她曾经问过岳亨有关岳飞几年来的一切，但是她关心的不是官职爵禄，而是岳飞是否真正尽心国事，真正保境卫民。岳飞博得宜兴民众如此衷心爱戴，证实儿子果然没有辜负她的教诲。

自打把母亲接到宜兴，岳飞就一直陪在母亲身边寸步不离，家中氛围其乐融融。

姚太夫人说道："你也该去看看你妻子了。这些年来真难为她了。"

岳飞满口答应，但是一步不肯离开。母亲知道自己儿子的性格，自己不休息，他便不肯离开，便又说："我也累了，想休息一下。”说完，就靠在枕头上闭起眼睛。岳飞不敢再打扰，轻轻为母亲拉上被子，才悄悄离去。

李氏夫人见了丈夫，忙赔笑站起来。

岳飞低声说：“这些年来多谢你替我侍奉母亲，辛苦你了。”

李氏夫人低下头说：这是我作为媳妇应该做的事。”

岳飞的小儿子岳雷四岁，他不喜欢武艺，却喜欢读书，李氏夫人已教他读《千字文》，并能倒背如流了。

大儿子岳云现在已经有12岁了，虽然还是那么清瘦，但喜欢舞枪弄棒，而且力气很大，三五个壮汉都拿他没办法。

过了两天，岳飞带岳云到教场，想试试他的武艺，是否能拉得开硬弓。兵器中，岳云却偏好双钟，他觉得刀枪只能从正面与敌人作战，而双钟则可同时迎战两面敌人。这种说法当然还是显得幼稚，岳飞不想败了他的兴致，就让他自己到兵器架上选择。岳云试了几柄锤，都嫌太轻了。最后在兵器库内选了两柄铁锤，共重80斤，舞动起来，才觉得顺手。

很多比他年长的壮士双手握一柄锤，才能勉强舞动，一个看似羸弱的少年，竟能一手一锤，运用自如，真是让人惊奇，一时营中上下，都把他叫做“羸官人”。

有一天，营中来了一位壮士，姓张名宪，阆州（今四川阆中）人，父亲是军中武职，从童贯伐辽，在范村战死，距离现在已有七年时间，他却习得一身好本事。他很崇敬岳飞，特意赶来投奔。

岳飞一见张宪，发现他有异于常人的气质，两人谈论很久，见解又不谋而合。张宪也能拉开300斤硬弓，各种武艺，无不娴熟。母亲从乡里能够过来团聚，是岳飞人生中一大喜事，如今又来了一位豪杰之士，这更是喜上加喜。

四月，金人又来侵犯常州。岳飞带着张宪赶往战场，在运河左岸迎上金兵，岳飞与张宪，两个人两杆枪，宛如猛虎下山，金兵非死即伤，逼落金兵在运河被淹死的不计其数。俘虏女真万户少主孛堇及汉儿李谓等11人。岳飞率众将一直追击金兵到镇江以东十里之处，将余党全部歼灭。这时，高宗已经回到越州，暂时以州衙作为天子之地。这时岳飞被派往越州，把广德、溧阳及常州的捷报向高宗禀报。

高宗下诏说，现在可以看时机去收复建康了。

长江大战

金兀术挥师南下，目的就是要活捉宋高宗，彻底摧毁大宋王朝，只是没有追捕到，最终还是无功而还，又回到临安。金兀术又得到情报，宋朝大将韩世忠率领部队由江阴移驻镇江。

金朝的军师哈迷蚩判断，韩世忠移驻镇江，目的是要阻击金兵的后方，于是建议金兀术说：“现在我军滞留在江南，浪费太多时间，士兵很多都有了归乡之心。现在韩世忠移兵镇江，明显想要断了我军的后路。不如趁他部署未稳，挥军北归，免得受到他的牵制。”

金兀术为了泄愤，下令放火屠城，一座临安城顿时成了火海，老百姓没人敢去救火，怕碰上金兵成为刀下之鬼。

金兀术这次行动，因掳掠了不少辎重财物，就改变了路线，从运河岸旁自秀州去往平江，转到常州，水陆并进向镇江出发。等抵达江岸，就远远望见江北一带，布满了战船。六桨小游船在江中巡弋，往来如飞；中军水军都是海鳅战舰，上面的桅樯高达一二十丈，密布如林，两边金鼓旗号，中间插着大旗，绣着一个“韩”字。

金兀术见此场景，十分焦虑，心想，我方所有船舰不过百艘，与对岸相比，真是小巫之与大巫，这怎能过得去呢？金兀术觉得不能硬闯，只好派使者到韩世忠大营去约定战期。韩世忠立刻回信：“明日决战。”

金兀术为了刺探江北的情况，当夜就潜往金山龙王庙，探探韩世忠的虚实。

韩世忠批了战期，又对夫人梁红玉说：“金兀术也是金朝的名将，我料他今晚一定来刺探我军的虚实。这里有个金山，山上有座龙王庙，地势最高，他如果窥探，就必定去金山龙王庙。我派人在庙内埋伏，他如果来了，就把他擒获，不怕金兵不败。”

梁氏夫人也高兴地说：“这个计谋不错！”

韩世忠就命偏将苏德带领 200 勇士，在黄昏以后，悄声上山，100 名埋伏在岸侧，100 名埋伏在庙内，听到江中鼓响，就一齐冲出，见敌就擒，不得有误。

到了酉时，韩世忠亲自登上船楼，身旁放一面鼓。不久，果然看到五个人骑着马匆忙上山，就用力敲鼓。庙内伏兵首先冲了出来，金兀术受惊，立折调转马头向山下狂奔，岸侧的伏兵晚了一步，没来得及拦截，只好与庙中的伏兵会合追击。最后仅仅捕获落后的两个人，其余三个人早已消失得无影无踪了。

韩世忠得到消息之后，不禁觉得可惜。

梁氏夫人说："既然已经逃走，也不要再叹息了。我还有一个计谋，明日交战，中军归我管领，专门用来防御，到时候只用炮弩射住他阵脚，不与他交战。你就率着前后两队，四面截杀。另外在中营大桅上搭起鼓楼，我就上去挥旗击鼓，以旗鼓为号，你可以看旗的方向，听鼓声进军。这样或许可以一举扫荡敌兵。"

韩世忠称赞道："夫人的计谋果然不错！"当晚便按照计划安排妥当。

第二天天明，金兀术对哈迷蚩说："韩世忠守住江面，不放我们过江，又别无出路，这可怎么办？"

哈迷蚩说："今日之战，我军要速战速决，不能持久，唯一可行的办法，就是集中精锐，攻他中军；另外拨两队，左右迎击其援军，或许可以一击冲破重围。"

金兀术说："也只有这么办了。"

于是便精选坚固快船与骁勇士兵，由金兀术亲自率领，一声炮响，一齐擂鼓呐喊，向着梁氏夫人所管领的中军冲去。宋营中却没有动静，金兀术正在惊疑当中，忽听一声梆响，万道强弩宛似流星般倾射了过来，又有轰天大炮接连轰击，在炮弹的落脚处，不是人死就是船破。金兀术慌忙下令掉转船头，向东逃去。又听一声大震，一队水师突然出现，为首站着一员大将，正是韩世忠。金兀术忙又转船向西，到了西边，偏偏又是韩世忠挡住去路。金兀术正惊魂未定，就看到一个大将奔向船头，要与韩世忠交战，此人正是金兀术的女婿龙虎大王。还没来得及阻止，那边却伸出数十支长矛、挠钩，将龙虎大王连刺带钩，拖下水了。

金兀术赶紧让水兵捞救，这边尚未下水，那边却已跳下数名壮汉，把龙虎大王擒去。金兀术气得要冒出火来，就亲自督师突围，这时韩世忠部队的长矛硬弩又袭过来，金兀术的士兵纷纷落水。金兀术没有办法，只有挥军撤退。

韩世忠追杀了一阵，听到鼓声停止，方才收军。

这边金兀术无计可施，就修书一封，派个小头目前去求和，情愿归还所有掳掠之物，只求放他一条生路。韩世忠没有答应。

金兀术见韩世忠毫无通融的余地，只有自镇江逆流而上。韩世忠也忙指挥战船傍着长江北岸，与南岸的金兵隔望江相对，一点儿也不放松。就是夜间，也都灯火相映。

金兀术见江边有一小港口，便叫船只驶入，或许可以靠岸从陆地上逃生。哪知道这是一座死港，叫黄天荡，岸高崖险，无路可通。金兵不禁齐声叫起苦来。

韩世忠见金兀术率船进入黄天荡，欢喜万分，这样只要把住江口，不让他们出来，等到他们粮尽援绝，就能瓮中捉鳖。于是就让部将用巨船大舶，把住黄天荡的进口，严密封锁。

金兀术数次突围，总是出不了江口，无奈之下只能退回港里，心中十分愁闷，对哈迷蚩说："我军屡战屡败，现在进入死港，而粮草又快耗尽，这不是坐以待毙吗！"

哈迷蚩说："只有悬出重赏，或许有能人也说不定。"

于是金兀术便发了个了榜文，只要有人能够能带他逃出这个港口，赏赐千金。

过了两天，果然有一个人前来献策："从这边往北十多里有老鹳河的旧道，时间长了淤塞了，所以这个地方才不通的。只要掘开泥沙，引进秦淮河水，就可直达建康大路。"

金兀术大喜，便下令士兵一齐动手挖掘。兵士哪个不想逃命？于是人人奋勇，个个争先，没用一夜的时间，就挖通了一条长三十多里的河道。金兀术命令顺河道把船驶到岸边，然后丢弃了船只，上岸朝着建康逃走了。

牛头山大捷

岳飞从常州追逐金兵接近镇江，这个地方属于韩世忠的防区，就班师回营，打算坚守常州等待敌人，这时高宗下了诏令，让他收复建康。于是岳飞率领张宪及300精骑作为前队，步兵2000，分由王贵、徐庆带领，抄小路向建康而去。

300骑兵抵达清水亭，与驻屯的敌兵相遇。金兵见只有数百骑兵，根本没有放在眼里，而且他们是一路南下，逢州夺州，逢县取县，很少遇到抵抗，就想也不想迎击过来，想以气势把宋军吓退。

岳飞把枪一挥，300张弓齐发连射，像是一阵狂风暴雨，先头的金兵纷纷中箭倒地。敌军的势力刚受到阻击，岳飞便与张宪领先杀入，两杆枪仿佛长了眼睛，专刺敌兵要害。金兵无心恋战，只求逃命，只恨爹娘少生两条腿。从清水亭西去十数里，沿途尽是金兵尸首。

将近建康，迎面一座山阻住去路，此山称作牛头山。

岳飞叫骑兵留在山脚，自己与张宪前去查看。坡路陡峭，两峰中间有一台地，俯视山下，一览无余。岳飞回头问张宪，对此地有何意见。

张宪说："这山虽险峻陡峭，这个台地却可以扎营，还可以望见建康城，并可以控制住入城的通路。如果有敌兵经过，必然不会怀疑会有骑兵冲下来，而我军都久习注坡之术（骑兵重监，自山坡急驰而下之卫），可以给敌人来个措手不及。"

岳飞点头说道："这话说得很对，就先在此地扎营。建康敌人必有重兵据守，不可轻率躁进，待打探虚实之后再作商议。"

安营扎寨之后，忽有情报说韩世忠已将金兀术困在黄天荡，岳飞不禁拍手叫好。还没过半天，又有急报说金兀术掘通老鹳河脱困而出，现正向建康而来。

岳飞叫王贵带领50名步兵，换了黑衣，等金兀术扎营之后，趁着月黑，混进敌营骚扰，使敌人自相残杀，降低他们的士气。

金兵自从老鹳河脱困之后，又急忙赶往建康，已走得人困马乏。金兀术害怕城内有宋军驻守，而且天色已晚，就下令在牛头山下扎营。半夜，忽然营内有人叫嚷，说韩世忠的兵追过来了，营内慌乱异常，不辨敌友自相攻击，死伤无数。

后来才知道中了岳飞的扰乱之计，金兀术就派士兵在营外加紧巡逻。

岳飞再命徐庆率步兵二百，潜伏在敌营四周，等到巡逻兵走近，迅速将他们擒获，让他们不能出声。

就这样一夜之间，金兵人人恐惧，个个惊慌，风声鹤唳，草木皆兵。

好不容易等到天明，金兀术下令立刻拔营出发。到了龙湾，却不防岳飞突然率领300骑兵，从山上冲下来，虽然山坡陡峭，却没有一个骑兵跌倒。人喊马嘶，势同风雷，气势十分惊人，把金兀术数万人马冲得四零八落。而王贵与徐庆也带着两千步兵四面阻击堵杀。

金兀术大军只有且战且走，向原路败退。

岳飞见金兵去得远了才鸣金收兵。检点战果，杀死金兵三千多人，投降士兵一千多人，俘虏万户、千户二十多人，监杖旗鼓、牛驴辎重不计其数。

岳飞立刻驱军进入建康，城内敌军均已逃走，所以不费吹灰之力，就收复了这座江上重镇。

金兀术见追兵已经退了，检点士兵，减少了三五成，忍不住悲叹地说：“我自从领兵进入中原，从未受到如此挫折，但不知这些人马是哪一家的？”

哈迷蚩说道：“难道是岳飞？听人说起过岳飞的形貌，正是如此。”

金兀术也说道：“一定是他！别人不会这么厉害。以前在新乡和太行山，我们曾经被他打败过。”

金兀术只好从长计议，打算从原路返回。金兵从老鹳河搭乘以前弃掉的舰船，回到黄天荡。没想到到了荡口，外面仍旧一字摆着战舰，桅杆上悬着“韩”字旗帜。金兀术不禁叫起苦来，哈迷蚩也乱了方寸，不知如何是好。最后，还是决定引兵渡河，破釜沉舟。

金兀术便令士兵各自在船上休息，明天凌晨冲破敌人防守渡江。

第二天黎明，金兵饱餐一顿，鼓噪而出，果然把荡口守军冲开一道缺口，便向江北驶去。驶了一程，将近江心，船只忽然自己打转起来，一艘一艘沉没了。

原来韩世忠见金兀术去而复返，料知他此次必然要拼死争道，就趁着夜间，预备了铁手，贯着铁钩，等敌舰冲出，就用铁钩搭住，用力牵动，敌船就倾覆了。

金兀术见舰船忽然沉了不少，急忙命令后船退回，总算保存了数十艘，只好请韩世忠答话，哀求放他一条生路，今后誓不再犯境侵扰。

韩世忠答道："还我两帝，恢复我国的国土，我就放你一条生路。"

金兀术自知无法答应，黯然转航退回。

此时恰有金将孛堇太一率兵屯驻江北，用作金兀术的援军。

金兀术便悬赏征求破敌之策。

果然来了一位王姓的福建人，献计称，船中载着泥土，土面铺上木板，再从船板上凿洞，作划桨用。韩世忠的艨艟大舰全靠风力，无风不动，那时候再用火箭攻他的帆篷，自

岳飞戎装雕像

然不攻自破了。”

金兀术大喜，依计而行。韩世忠恰未曾提防到他会利用自己战舰的缺点。

金兀术绝望中打了胜仗，安然渡过了长江，准备到建康歇兵。人马到了静安镇，忽见远远有旗帜飘扬，中间一个“岳”字。金兀术大吃一惊，赶忙命令退军。军队还没退尽，忽见岳飞率着骑兵杀来。吓得金兀术顾不了别人，只管骑马飞奔，逃过宣化镇，向六合县跑了。到了六合，他收拾残兵，又丧失了许多人马及大半辎重，当下顿足叹道：“前几天遇见岳飞，被他杀败，今天不想又狭路相逢，难道建康已失守不成？”

不久，金兀术果然得到情报，说建康已被岳飞夺去了。

平乱兴复中原

秦桧回国祸害苍生

岳飞收复建康后立即申报朝廷，认为建康是国家形势要害之地，应该选精兵固守。宋高宗听后十分欣喜，赐给岳飞金带、鞍马、镀金枪、百花袍以及铁镘五十副。

岳飞由建康回到宜兴，建康被收复，又有朝廷的嘉奖赏赐，就在居亭主人张完的厅壁上写下一篇感怀：

> 近中原板荡，金人长驱，如入无人之境，将帅无能，不成长城之壮。余发愤河朔，起自相台，总发从军，大小二百余战，虽不及远涉遐荒，亦足快国事之万一。今又提一垒孤军，振起宜兴，建康之城，一举而复。今且休兵养卒以待，如或朝廷见念，赐予器甲，使之完备，颁降功赏，使人蒙恩，即当深入边庭，迎二圣后还京师，取故地再上版籍，他时过此，勒功金石，岂不快哉。此心一发，天地知之，知我者知之。建炎四年六月望日河朔岳飞书。

这一篇感怀，写出了岳飞平生抱负，而且终生不渝。

这年七月，有删定官邵缉上书朝廷，表奏岳飞功绩，请求提升他为重将。

高宗在南京即位之初就认识了岳飞，现在还留有深刻的印象，见到书奏，便有意提拔。恰巧宰相范宗尹跟着张浚来京议事，盛赞岳飞可以重用，也加以推荐，高宗升岳飞为武功大夫吕州防御使（唐朝以后，在大郡要害之地设防御使，用来治理军事，由刺史兼充；到了宋朝成为了虚衔）、通泰州镇抚使（宋朝南渡后,各镇设镇抚使,用来招收境内盗匪），兼知泰州。

岳飞虽被朝廷破格提拔，却上书辞谢镇抚使的任命。他的抱负是收复失土，迎还二圣。因此，他请求朝廷，准许他以母妻作为人质，改调淮南东路某一重要任使，召集兵马，掩杀金寇，收复淮南东路沦陷的州郡，再乘机北进，然后光复山东、河北、河东等路失地，实现平生的梦想。

岳飞一边申复改调，一边积极整理装备，催调所部人马赴任。

金兀术败退到六合，经过一番休养整补，有意再侵犯运河区，沿运河乘船北返，只有承州（今山东峄城）有镇抚使薛庆扼守，楚州（今江苏淮安）有镇抚使赵立把关，都算得上运河的要害。金兀术打算顺运河北上,必须夺取承楚二州。这时恰有金兵另一路的统帅挞懒从孙村过来六合会合，打算和金兀术会兵攻下楚州。金兀术决定首先率众攻取承州，镇抚使薛庆战死，承州沦陷，然后向楚州进军。

赵立得到承州失陷的消息，金兀术大军已进军楚州，就向朝廷飞书告急。

朝廷命令张浚前往救援，并命令岳飞听张浚差遣。张浚向来怯懦，现屯驻江南，距敌还很远。张浚认为金兵士气盛气凌人，赵立孤城危在旦夕，这时救援，并没有任何意义，就不敢前行。

部将有人表奏朝廷说张浚不肯救援，高宗想到张浚当年开大元帅府之时救驾有功，就没说什么，改调两浙西路安抚大使刘光世，亲自督师救援，并命令岳飞率兵腹背掩击。

刘光世奉命后,也只逗留京口（今江苏镇江）不肯渡江。

岳飞曾向刘光世求助数十日的军粮和两千士兵用来作救援，刘光世却置之不理。岳飞只能进袭侵据承州之敌，以为牵制。连战三次，都获大捷。

九月二十九，楚州孤立无援，而被金兀术攻破，镇抚使赵立以身殉国。

刘光世却表奏岳飞等将领不听指挥，拒绝会合。高宗却已识破其中真假，不但没有责怪岳飞，反而褒扬嘉勉他，并赐给岳飞金注盌一幅，盏十只。又因为楚、承州沦陷，命令岳飞仍回泰州任职。

十月初，发生一件影响南宋兴衰的大事，秦桧从金朝回国了。

秦桧说他是杀死金朝的看管人员，趁机潜逃回来的。秦桧的这种说法，连三岁小孩也难骗过，怎么能骗得过朝中明智之士呢？其实，这就是金朝的预谋而已，他们想让秦桧回国毁掉宋朝的整个朝廷。金朝的挞懒南下，就携带了秦桧全家及行李同行。南宋之所以没能兴盛起来，并不是由于金朝的盛强，而是由于秦桧的归国。

秦桧抵达涟水军（今江苏涟水县）寨，被寨兵捕获，认为是金方的奸细，便要绑起来将他杀了。秦桧说："我是御史中丞秦桧。"寨兵都是粗人，不知道御史中丞是什么。

秦桧赶忙问："这里有秀才没有？秀才必然知我的姓名。"

寨中有个卖酒的王秀才,叫王安道。王安道不知道秦桧,见了秦桧却假装相识,并殷勤问候。寨兵见王秀才认识秦桧,便以礼相待，并派人送他到越州天子休憩的地方。

朝中大部分人都不知道秦桧回来的原因是什么，只有宰相范宗尹与同知枢密院李回，向来与秦桧交往密切，于是打消了大家的猜忌，力荐秦桧的忠节。

腊月初八，高宗在行宫召见秦桧。

秦桧为迎合高宗的心意，早已经准备好了说辞，纵论天下大局，可和不可战，和则两利，战则两国军力相差悬殊，挞懒与金兀术两军仍有十万多士兵，随时都能南下侵犯。如果想维持江南的半壁江山，并不是件容易的事情。如果和议达成，还有半壁河山，仍然可以吸取教训，整顿军备，等有机会就可挥军北上，收复失地。

高宗当年曾经被金兀术追得海上逃生，现在记忆犹新。

秦桧的言辞正中下怀。高宗对辅臣表示，秦桧非常忠义，得此大臣实属不易，同时高宗还知道了二帝及母后的消息。建康四年十一月初八，高宗任命他为礼部尚书。

江淮战李成

金军虽然已经占领两河及淮河以北广阔的地区，却无法治理，而且难以久驻。一旦回国，自然是前功尽弃。所以建立汉奸傀儡，是唯一可行的办法。于是金朝在建炎四年七月二十七，立原知济南府，投敌后任伪京东西、淮南等路安抚使的刘豫为“齐帝”。

刘豫是景州阜城（今河北阜城县）人。政和年间中了进士，赐官殿中侍御史，但是后来在朝中遭到御史弹劾。金军南侵，到了济南府，挞懒以金钱和地位利诱他，让他开城门投降。金人命他为京东西、淮南等路安抚使。金朝打算立傀儡政权，刘豫便以重金贿赂挞懒，挞懒在金朝皇帝吴乞买面前荐举刘豫，金朝皇帝就册封刘豫为齐帝，在北京即位，后迁伪都汴京。

伪齐的建立，对于金朝来说，一可以让它成为鹰犬，统治占领区；二可以作为金宋的缓冲；三可以使它勾结江南盗匪，扰乱南宋后方治安，其中李成就是显著的例子。

在伪齐尚未成立之前，李成曾同金兀术勾结，合兵进犯乌江县。

到了宋高宗绍兴元年，由于历年战乱，李成趁机窃据了江淮十数州，聚众达 30 万，大有席卷东南之势。

正月初，李成派大将马进率队伍十多万，进犯洪州（今江西南昌），洪州告急。高宗命令张浚为江淮招讨使，领兵讨贼。

张浚本就生来怯弱，进谏高宗就夸张李成的势力，请求辞去招讨之命。高宗不肯，张浚忽然想起岳飞，就夸他智勇双全，是最佳人选。高宗没有办法，只好命令他与岳飞一起去讨贼。

岳飞接到诏书，就在二月初抵达饶州（今江西鄱阳县），与招讨使张浚会合。张浚心中对李成很忌惮，因此只把大军屯扎在饶州，不敢轻易冒进，看到岳飞会合，才让军队进驻洪州。

马进的队伍在赣江西岸扎营，与洪州隔江遥望，马进军队十分嚣张，宋军无法渡江，张浚十分害怕，就与岳飞商议。

岳飞早已成竹在胸，说道："这很简单。只要以 3000 骑兵沿江而上，到生米渡处，偷渡过江，出其不意，攻敌不备，必能破敌。"

二月初九，天还没亮，岳飞率部队飞奔，人人身披重甲，到达生米渡，不久，全军渡过赣江。再沿江而下，以迅雷不及掩耳之势，自马进屯军右侧偷袭。岳飞手执铁枪，首先冲进敌营。张宪、岳云分居左右。岳云已经 13 岁了，虽然是第一次参加实战，但他毫无畏惧，势不可当。这 3000 骑兵都像猛虎出柙，枪挑刀砍，从右营次第冲向左营。敌人只注意正面官军，没有料到岳飞会从上游偷渡。

一场厮杀，直把马进的十多万队伍杀得弃甲曳兵，纷纷跪地投降者共计也有 5 万多人。

马进制止不住，也只有随众奔逃。后边的队伍以为前边败了，逃得一个快似一个。

马进败逃的途中抢下了筠州城，就在城内歇兵。岳飞便在城东扎营，扼住筠州城的出入咽喉，并命张宪、王贵，各领 500 人，在左右林中埋伏，见敌人追来，一齐杀出。

马进一见中了埋伏，赶忙撤军，队伍更是惊弓之鸟，四散溃处。

岳飞便派人高呼："凡是不愿意再做盗匪的，卸了盔甲原地坐下，可免一死！"一时间，应声坐地的有一万多人。

岳飞命王贵与徐庆收缴兵械，整编军队，向张浚报捷，自己率领张宪、岳云及 800 精骑追击溃散的队伍。他预料，马进必定逃到李成那里会合，李成盘踞在南康府（今江西星子县）的建昌（今江西永修县）一带。于是岳飞便取捷径，行近朱家山，只见一片茂密的树林，有一条山径穿林而过。岳飞就命张宪与岳云各带一队，在林内隐伏，不得发出一点声息。

马进的溃散队伍刚一经过到树林，只听一棒锣响，看见刚进树林的士兵慌张逃了出来，口中喊道："岳爷爷在里边！"

他们身后果然杀出了岳飞的军队，马进吓得魂飞魄散，把马一夹，一个人落荒而逃，奔往建昌去了。

马进率领数十人逃回建昌。李成原本打算命令他进军洪州，所以把全军一半多的精锐都拨给他管制，不承想打了两仗就全军覆没。不但被挫了锐气，而且元气大伤，就喝令把马进推出斩首。多亏其他将领讲情才将他放了。

李成命马进把战争的经过情形详细说了一遍，立刻叫人点齐了十万兵马，当日向筠州（今四川筠连县）进发。

行近楼子庄，正好与岳飞的先头骑兵相遇，双方站住阵脚，开始叫阵。

岳飞的儿子岳云主动请缨，他两腿一夹，那马便朝着李成驰去。

李成见出来一个小孩子，便没放在眼里。却没承想岳云天生神力，李成竟然只有招架之力。他怎么也想不到，一个小孩子竟然能杀得向来有“天王”美誉的他手忙脚乱。

这时，张宪也挺着那支茶杯粗的铁枪加入战斗。一个岳云已杀得李成汗流浃背，而张宪这支枪更具威力。李成见势头不妙，回马便走，岳飞率领着 800 骑兵紧紧追赶在后。

李成的队伍见头领都败了，谁还敢再战？一下子如潮水般溃退了。

岳飞边追边令人在马上高呼：“抛下武器的免死！”一呼百应，李成的队伍都抛却了手上的武器，一时间刀枪弓箭便弃了一地。

岳飞一口气把李成由武密（今江西武宁县）直追进江州（今江西九江），见李成率着残部潜入岷山山区，才停止追击。于是岳飞驻扎在江州，等候张浚所率领的官兵大队到来再做商议。

张浚来到江州，得知岳飞迅速剿灭进犯洪州的马进，并成功打击了李成的建昌老巢，倍加赞誉。

李成虽然已经元气大伤，但还有数万的队伍，仍有作乱的可能，岳飞认为应当一鼓作气，尽行歼除。张浚就命令岳飞为前部，进行追剿。

李成残部已是惊弓之鸟，还没等岳飞部队到达，就已经先奔逃了。岳飞选了一些精骑昼夜追击,可是李成跑得更快。到了五月，李成已经渡过了长江，向蕲州（今湖北蕲春）进军。岳飞将骑兵和步兵分开渡江夹击，终于在张家渡与李成相遇，杀死马进、孙建等多个首领；后又追到蕲州，敌人的队伍已溃不成军，除李成率领少数亲兵，投降伪齐之外，其余的不是死了，就是投降了。

岳飞整编军队，去弱留强，选了一万多精兵献给张浚。张浚向朝廷报捷，以岳飞为首功。李成骚乱江淮数年，终于被剿清了。

这一年七月，朝廷提岳飞为神武后副军统制，暂驻洪州，打压盗贼。

岳飞志在北伐，而今却让他留守讨贼，实在是英雄无用武之地。

一天，岳飞带着岳云，踏着满地的落叶，登上翠岩寺，随处逛了逛，又到了寺后面，沿着蜿蜒山径，上了山顶。岳飞举目四望，山河如画，令人心旷神怡。北望神州大地，大好的山河还沦陷在敌人手中。而如今秋高气爽，士气饱满，挥军北上，捣毁伪齐，收复失地，这并不是什么难事，可现在却是岁月蹉跎。岳飞一时百感交集，拿来笔砚，在寺壁上题诗一首道：

秋风江上驻王师，暂向云山蹑翠微。忠义必期清塞水，功名直欲镇边圻。山林啸聚何劳取，沙漠群凶定破机，行复三关迎二圣，金酋席卷尽擒归。

讨贼平寇立功

绍兴二年，高宗由绍兴府移驾到临安。骚乱江淮的李成虽然被岳飞剿灭，但江南一带仍旧是不太安定，江南西路及荆湖南路等地的起义声四起。荆湖南路曹成、李宏、刘忠、马友、杨么等举行起义；江南西路彭友、李洞天、陈颐、罗闲等人揭竿而起；福州路有范汝为等人武装起义。这些起义军中以曹成为首的起义军影响最为广泛，队伍多达十多万，他由江南西路向南，经荆湖南路窜抵道州（今湖南道县）与贺州（今广西贺州市）一带举行起义。

这一年的二月，岳飞奉命以神武副军都统制本职，权知潭州（今湖南长沙），兼权荆湖东路安抚都总管，统带全军兵马，往道州一带镇压起义，朝廷赠予岳飞金字牌及黄旗十面，如果起义军想投降，就乘机招安。

岳飞本部将士仅12000余人，连同拨归节制的吴全、韩京、吴锡三部7000人，总共也才19000余人，除去留守辎重等杂役外，实际参与战斗的将士不过万人，用来镇压多于自己十倍的敌人，在人数上就显得单薄。

因此，岳飞决定采取招抚与镇压并重的策略，先派人招安，如果不行的话，再挥兵清剿。

三月十七，岳飞自洪州出发，二十日抵达茶陵（今湖南茶陵县）。曹成得到情报，对部下说道："岳家军来了。"当下就将队伍分开行动，一部分去往广西，留中军在道州驻守。

岳飞先派人到曹成营中，晓之以理，劝他投降。曹成不肯接受招安，在道州逃往贺州的途中，岳飞也以精骑紧紧追击在后面。

闰四月，岳飞率部队逼近贺州，在附近扎营；而曹成则以太平场为基地，屯兵数十里，安营扎寨。

四月初四傍晚，一名潜行打探军情的侦探被巡逻抓获。岳飞知道后，高兴地说道："这真是天赐良机！"就定了一个计策，先将这人绑缚在帐下。

一会儿，岳飞出帐，召来军吏，调配进军士兵的粮食。

军吏禀告说："粮食已经用光了，后面的粮食还没送来。"

岳飞大声说："马上派人去催粮！"

军吏小声说道："郴县与桂阳库中也没有存粮。"

岳飞叹了口气，说："这可怎么办呢？"想了半天，他自言自语地说："只有回茶陵去取了。"岳飞吩咐各营整装待发。这时才发现有个人正绑缚在帐下，很后悔自己说了太多机密，岳飞叮嘱部下对他严加看守，明早一起带着返回茶陵审讯。

侦探把岳飞说的话记得一清二楚，等岳飞走了，就想了一个金蝉脱壳之计，逃了出来。

这个人逃回太平场，把这些情报一一禀报给了曹成。曹成不禁心花怒放，决定趁机追击，必定大获全胜，所以他传令下去，要自己的部队好好休息，明天准备出击。

岳飞神武雕像

岳飞等敌人跑远了，立刻叫来张宪、王贵、岳云，让他们各带200骑兵，在三更时分，秘密突击贼营，张宪居中，王贵、岳云分从左右，三面同时杀入；徐庆带领步兵接应。

起义军万万没想到岳飞会派兵偷袭，也不知道有多少人马，无心抵抗，只求找出路逃跑，一时间自相践踏，死伤众多。

曹成慌忙迎战，正碰到张宪，被张宪几枪杀得两臂酸麻，眼看不敌，只好拨转马头逃走，岳飞的部队追击了二十多里才收兵。曹成又逃了一程，待进入了萌渚岭山区，见追兵已远，就挨着山扎营，整顿贼部。到了中午，又收编了3万多的人马。

萌渚岭一带地势十分险要，曹成仗着地形熟悉，决定在这等待岳飞的部队。他想，如果部队跟着过来，就将他们进入谷内，两头截杀，谅他插翅也难逃。

但岳飞对这一带地形地势已经从当地人口中探听清楚，哪里是山谷，哪里有关隘，已经十分了解。等到岳飞与张宪等将领会合后，岳飞便命令他们追敌之时，小心被敌人引诱，孤军深入，必须彼此呼应，从后面掩杀。要造成一种声势，先声夺人，敌人必然溃退。

曹成所考虑的，只是天时地利，却忽略了自家部队的士气问题。所以双方一接触，起义军便争先恐后地往桂岭方向逃跑。

桂岭是萌渚岭的腹地，地形非常复杂。进入桂岭，必须翻过北藏岭、上梧关和蓬岭，号称三隘，被称为天险，易守难攻。曹成带兵据守在北藏岭和上梧关，想以逸待劳，不信这岳飞能飞渡过去。

岳飞率兵向曹成进军。曹成只是坚守，但是部下的都统领王渊硬是要出战，认为坚守不出，只会长了敌人威风，减了自家的锐气。

曹成叮嘱他能战则战，不能就快速退回，只要退到两个关隘之中，就可以安全了。

王渊出了上梧关，还没稳住阵脚，岳飞立刻挥兵到来，步兵则在后边擂鼓呐喊，人喊马嘶，鼓声震天。起义军又开始畏怯；王渊仗着自己力气大，挥动着两柄大铁锤就要和岳飞对战。怎奈岳飞马快，交马只一回合，便结果了王渊的性命。起义军见主帅已经死了，士气大减，都朝上梧关奔逃。岳飞带领着自己的背嵬军队从后面追击。

关上打下来很多檑木、滚石，起义军却首当其冲。岳飞这 800 骑兵，都是经过精选严训，上山下坡如履平地。他们每人左手握了藤牌，右手持了朴刀，一鼓作气，攻下了上梧关与北藏岭。曹成又仓皇退守蓬岭。不久，蓬岭也被岳飞攻下，曹成败走连州（今广东连州市）。

曹成带着数十骑兵逃往连州，岳飞不容他再威胁乡里百姓，就忙命令岳云率骑兵追赶。曹成被追得走投无路，便到宣抚司投降。

曹成所带的起义军，部分已经投降，部分被歼，其余的散逃到了各地。岳飞命令张宪、王贵、徐庆三人，分途招降。

官军三路分头遵令办事，招降了曹成的队伍共有两万多人。

岳飞招降了曹成，军马暂时驻扎在连州，向申省（并枢密院）报捷，并请示行动。

六月初，朝廷命令岳飞带本部及韩京、吴锡两队人马屯驻江州，镇压起义军，并授予岳飞为中衙大夫武安军承宣使。

岳飞奉旨，整顿军队北上，一路秋毫无犯。饱经战乱的乡民，都扶老携幼，献花顶礼去送岳飞的军队。

七月初七，宿祁阳（今湖南祁阳）大营驿沅州（今湖南芷江）知府派人拿着书信请求岳飞援助。书信上说，曹成的溃散部队郝政骚扰沅州，头裹白布，称为白头巾，扬言要为曹成报仇。郝政手下有员大将叫杨再兴，骁勇善战，堪称万人敌，官府都拿他没有办法。

岳飞就命令张宪与岳云带3000兵马择日前往镇压起义。

临行前，岳飞又特别叮嘱张宪："兵贵神速，不要让郝政得了消息逃跑了。至于杨再兴，能招降最好招降，不行的话也要把他生擒回来，不可伤了他的性命！"岳飞向来对骁勇之士十分爱惜。

张宪、岳云连夜赶奔沅州，根据确切情报，直接杀向敌营。

郝政没有见到岳飞，只见两个部将过来，原本还胆战心惊，现在又壮起胆来。大喝一声说道："哪里来的小辈，敢来找死！"

岳云挺身而出。郝政见来了一个瘦弱的小娃娃，不禁笑道："你一个乳臭未干的娃娃，也来送死。"

岳云并不答话，举锤便打。郝政欺他年幼，只把锏轻轻往上一迎，不想锤锏一接触，那锤似有千百斤重，忙两锏齐举，才能挡住；岳云左锤已横里砸到。郝政已经躲不过，又来不及抽锏，便被打下马来。岳云又补了一锤，快将他打死了。张宪的部队一拥而上，起义军四散败退。

杨再兴负伤，被张宪活捉。

张宪劝他投降，杨再兴只说见了岳飞才投降。张宪押着杨再兴，到了茶陵，与岳飞大军会合。

岳飞见杨再兴生得高大威猛，声音洪亮，便说道："你做了贼寇，就像明珠暗投，实在是不幸。以你的才能，应当为国家效力，讨伐金贼，换个封妻荫子的功名，也不枉了大丈夫为人一世。"

杨再兴见岳飞貌相庄肃儒雅，让人产生敬畏之心，不觉跪下道："感谢您的不杀之恩，我愿意追随元帅，赴汤蹈火。"

岳飞赶忙亲自为他解了绳索，说道："但愿你能以忠义报国。"

奸臣终遭报应

绍兴二年九月初一，秦桧奸计没有得逞，被罢官免职。

秦桧归国后，向高宗说，留在北方的南方人回到南方，留在南方的北方人回到北方（河北的归金朝，中原的归刘豫）。这话当然让他感叹，因为朝臣中许多都是北方人，自高宗开大元帅府于北京，即追随南来的。

同年八月，范宗尹被免了相职，秦桧很想继任，就大肆宣扬：如果用我为相，我将主张两件事可以震动天下。高宗果然被他蛊惑，拜他为尚书右仆射、同平章事兼知枢密院。

秦桧任了相职，便将他所谓可以震动天下的两件事，拟了一份奏章呈现给高宗，请高宗颁行天下。这两件事的其中之一为：南北方之士大夫可以互通家书，这所谓的“家书”，不仅是要开放边禁，互通有无，而且意在为投敌、投伪之无耻汉奸开脱，认为他们都是为了一时之计，出于不得已。

而另一件事就是让那些山东河北诸郡渡江无归的人，开具原籍所在，遣送还乡。他拟的奏章中说道：“军兴以来，河北、山东忠义之徒，自相结约立功。其后蕃兵深扰，逐头项人，渐次渡江，今各所在，屯聚就粮。议者欲兴兵讨伐，朕唯黎元骚动，罪在朕躬。既未能率以还北，岂宜轻肆杀戮。应河北、山东渡江无归之人，并令所在招抚，开具乡土所在，当议遣官纠率起发。”

高宗看完奏章之后，并不同意秦桧的办法，就留着没有发出去。后来，金朝曾派和议使李永寿、王诏南下，所谈七事中的第一件事，便是全部北方人返乡，这与秦桧所拟办法正相吻合，这足以证明秦桧确实在私通金人。

秦桧担任相位一职以来，并没有任何建树，所谓可以震动天下的两件事,实在是不切实际。而他只是一味主张和议,并排斥异己，他让自己的亲信江跻、吴表臣、程玛、张焘、胡安国、刘一止，林待聘、楼炤等人把持言路。

此时左相吕颐浩奉命都督江淮荆浙各地军事，在镇江设置都督府，多年来听说秦桧的奸谋劣迹，就在绍兴三年八月返回临安，荐举黄龟年为殿中侍御史、刘棐为右司谏。黄龟年立刻列陈事实，弹劾秦桧“专主和议，阻止恢复，植党专权，渐不可长”。高宗在很多人的检举之下，也逐渐发现秦桧并不是所谓的“忠义过人”，而是另有奸谋，就免去秦桧所兼各职，罢为观文殿学士，提举江州太平观闲职；秦桧的私党胡安国等也同时罢去。

秦桧被罢官，岳飞听到后满心欢心。并不是他对秦桧有什么私人恩怨，而是由于秦桧自入相以来，一味主张议和，与岳飞主张完全不同。

秦桧被罢免后，朝内已无人再提倡和议，取而代之的是讨伐汉奸刘豫的呼声。

绍兴三年二月,高宗特派使臣拿着金蕉酒器赏赐给岳飞,并宣召他前往临安天子住处，后来临安之行暂时搁置了。

这时虔州（今江西赣州）、吉州（今江西吉安）一带,起义声四起。江西安抚大使李回、广东宣论明秦、知梧州文彦明以及江西宣谕刘大中等，奏请镇压虔、吉等起义军，并指出如果由岳飞负责，必可成功。

三月初，朝廷命令岳飞镇压虔、吉等地的起义军。

虔、吉一带共有大小起义的首领三百余人。吉州以彭友、李洞天为首，联合第二头目的八人，号称十大王，在吉州以南边界的武陵、烈源、陈田三处扎寨；虔州则有陈颙、罗闲等十人，集结数十万人，里外互相支援。

岳飞先派人去招安，这些起义军大部分人都不肯接受投靠朝廷的说法。于是岳飞派遣张宪等分头搜捕盘踞在山区小头领，最后才去围捕吉州的十大王。

四月，岳飞率领部队逼近吉州，得到消息称，彭友等人现在吉州县界武陵、烈源、陈田等三处设立寨栅。彭友听说岳飞要到了，就说："人人都说岳飞智勇天下第一，我却不信。看我去如何捣毁他。岳飞如果败在我手里，其他人又能拿我有什么办法呢？"

岳飞分派统旗官张宪率兵取武陵；王贵率兵取陈田；自率骑兵取烈源，烈源为起义军主力所在，彭友等十大王半数在此。

岳飞来到阵前，那彭友等人正纵马往来，全不把岳飞放在眼里。岳飞挽起弓，搭上箭，看得清楚，一箭射中彭友右手，彭友拿不住刀，掉落在地上。彭友大惊失色，回马便走，岳飞马快，已飞奔到他背后，用手一抓，便把彭友擒下马来，扔到地上，立刻有军士将他绑了。

敌人刚要偷袭，岳飞这杆枪像长了眼睛一般，一个个刺下马来，军队也拥上前来厮杀。乌合之众，如何抵挡岳家军神勇，纷纷向固石洞溃退。而武陵、陈田两处起义军，也被张宪、王贵分别破了。

这固石洞是彭友等人的根据地，储积十分丰富。洞在山腰上，山势耸峙险峻，四周环水，只有一条小径可以进出，险阻重重，易守而难攻。

岳飞把数百名精骑兵罗列在山下，个个挽弓搭箭，蓄势以待。然后派300名敢死士，于破晓时分，持着藤牌朴刀杀上山去。山下一片擂鼓呐喊，助长敢死士的声势。这300名敢死士个个身长力大，而且都熟习岳家拳，人人一身好武艺，把敌军杀得溃散。敌军也不知来了多少人，一时大乱，纷纷向山下逃奔，到了山下见到骑兵个个都弓上弦，刀出鞘，杀气腾腾，不由得跪在地上，高喊饶命。

岳飞下令，投降的人可免死。山上的敌军知道已经无路可逃，全都弃械投降。

最初的时候，朝廷曾因为隆佑太后在虔州受到惊吓，密旨命令岳飞，虔州城一破，全城屠戮。

隆佑是宋哲宗废弃的皇后孟氏，靖康二年，金人立张邦昌为楚帝，张邦昌见全国上下拥护的人少，就请隆佑太后垂帘听政。高宗登基之后，被尊为太后。建炎二年，金兀术渡江南下，高宗在海上逃亡，隆佑太后由卫士保护，从建康逃到虔州。因卫士与当地民众发生冲突，土豪率领着民兵将城团团围住，喊杀声使太后大受惊恐。直到援军抵达，才解了虔州之围，隆佑得以脱险。所以高宗对虔州恨之入骨。

岳飞平定了虔、吉起义军，上章报捷，并请求只杀首领，赦免从众。高宗不准。岳飞又连请数次，高宗才有些犹豫，就让岳飞酌情裁决。等到岳飞入城处置俘虏，除诛杀了重罪贼酋数人之外，对其余人宣称奉诏赦免。一时间，全城民众欢声如雷。

九月十三，岳飞抵达临安，高宗传口谕，岳飞可以系着金带上殿。入见高宗之后，高宗对岳飞再三夸赞，并赐给他衣甲、马监、弓箭各一副，金线战袍，金带手刀、银缠枪、战马、海皮鞍各一个。又赐御书“精忠岳飞”绣旗一面，命令行师的时候竖立在中军显眼的地方。

岳飞对高宗的知遇之恩深有感触，但身为大将，却不能挥兵北上，歼胡虏，收两京，迎还二圣，以解主上之忧。不禁百感交集，遂赋《满江红》词一首：

怒发冲冠，凭栏处，潇潇雨歇。抬望眼，仰天长啸，壮怀激烈。三十功名尘与土，八千里路云和月。莫等闲，白了少年头，空悲切！

靖康耻，犹未雪；臣子恨，何时灭？驾长车，踏破贺兰山缺。壮志饥餐胡虏肉，笑谈渴饮匈奴血。待从头，收拾旧山河，朝天阙！

九月十五，岳飞被授予镇南军承宣使，充江南西路沿江制置使，屯驻江州（今江西九江）。

九月二十四，拜官为江南西路舒蕲州制置使，置司江州。

同时拜命置司的还有三人，刘光世置司池州，韩世忠置司镇江，王躞置司鄂州。

以往，诸将虽然各自拥兵自重，但是只屯成据点，而没有责任区划。现在分遣诸将，各居要职，专门负责某一地区，设置衙署。

岳飞由于长期要驻守江州，就买了几亩田地，将家眷接到江州来居住，这样可以早晚侍奉老母。

兴师北伐

竭力收复襄邓六郡

绍兴三年的十月下旬，伪齐突然派李成率兵 20 万入侵京西南路一带。邓州（今河南邓州）首先失守。不久，知襄阳府李横、知随州（今湖北随州）李道、蔡州（今河南汝南）信阳军（今河南信阳）镇抚使牛皋、郢州（今湖北钟祥）刺史瞿琮、权商虢镇抚使董先等，先后阵地失守，率兵向南撤到岳飞的辖区内，岳飞一边分别予以安置，一边奏请奏朝廷商议。朝廷立即命令牛皋等人都听岳飞的调遣。

襄阳等六郡已经沦陷，不但敌人已经直逼长江，同时也丧失了恢复中原的根本，岳飞对此感到痛心疾首，并于绍兴四年二月，奏请朝廷请准予进兵光复襄阳六郡，恢复中原。

高宗便把这件事和辅臣一起研究。辅臣赵鼎说道："对于长江上游的利害，没有人能比得过岳飞。"

由于高宗始终没有忘记和议，即使秦桧已被免去相职，仍然没有忘记和谈的"意义"。最重要的是，高宗似乎已经默认了伪齐的既成事实。

高宗为使岳飞能统一指挥，先后诏兼鄂岳州制置使，并除黄复二州汉阳军德安府制置使。

岳飞奉命之后，便积极动员，除派张宪与徐庆进攻随州，郢州则由他亲自提兵前往。

五月初，岳飞自率精骑兵，擎着御赐“精忠岳飞”旗，兼程往郢州进发。郢州城内由刘豫伪将京超及其谋主刘楫驻扎。京超骁勇悍武，号称万人敌。城内有大约一万多蕃汉军士，声势浩大。

岳飞横渡长江，于初五抵达郢州城下，下马环城侦测。京超见宋军已兵临城下，便登城拒敌。岳飞一生最恨的是不忠不孝的人，像刘楫就更是无耻之至，他们已经不可救药。

第二天清晨天刚亮，宋军就鼓噪呐喊，逼近城墙，军士把肩膀当作梯子，纷纷踏肩登城，刀砍剑劈。岳飞一声令下，众将士一举攻克郢州，京超投崖而死。刘楫被擒，岳飞斥责他没有民族大义，刘楫恳求放他一条生路。岳飞怒声地说道：“你这么无耻，留下还有什么用？”说完就把他拖下去斩了。这一仗共杀死敌兵 7000 余人。

张宪与徐庆去取随州，敌将王嵩得知岳飞军要来，就弃了城外据点，退保州城。张宪命令军队急攻，只是随州城城高壑宽，不好攻克。

岳飞问牛皋：“怎样才能攻破随州城？”

牛皋说：“只有以急攻、强攻的办法，让敌人没有喘息的机会，敌人士气下降，我军就一鼓作气，随城就可以攻破了。”

岳飞派牛皋率军队只带了三天的军粮，去支援张宪。果然到了第二天傍晚，就攻下了随州城。

郢州、随州先后也被攻克，襄阳大为震动，李成亲自调集大军做防御部署，而岳飞也积极做进攻襄阳的准备。

五月十七，岳飞亲自率骑兵和步兵5000人进袭襄阳。李成得到消息，立即出城40里，挨着襄江，布下防线迎战。

两军遭遇，双方均先稳住阵脚。岳飞见是手下败将，加上对李成也有一些了解，于是举鞭指着李成的骑兵，对王贵说："你率1000长枪步兵,攻击李成的骑兵。"又对牛皋说："你率500精骑兵，攻击李成的步兵。"

一声呐喊，王贵、牛皋各率步骑冲向敌阵。步兵专以长枪攻击敌之坐骑，一个骑兵倒毙，其他的骑兵就不好行动，互相冲撞，人马坠入江中不计其数。骑兵则列队冲入敌人的步兵中，远者箭射，近者刀砍，左冲右撞，来去如飞。岳飞又下令后面的部队擂鼓呐喊助威。李成步兵和骑兵自相践踏，溃不成军，连夜向新野方向逃跑。

岳飞命骑兵在城外扎营，自己率领着步兵进驻襄阳。

六月初五，岳飞与大将王万，在新野夹击李成号称的30万大军，李成大败；初六再战又败。岳飞命令王万乘胜追击，敌兵死伤无数，新野也被收复。

捷报到了临安，高宗在欢喜之余，又考虑善后的问题。他生怕岳飞如果班师，敌人又来骚扰；如果留兵屯守，又考虑朝廷千里送粮，难以负担，要岳飞想一个两全之策。

岳飞奏请朝廷实行行营田之法。襄阳、随、郢一带土地肥沃，只是民力不足以支应。如果驻军屯田，则军民两利。此时已经快到七月，过了耕作的时期，需等到年来开春才可以进行。大军如果屯驻鄂州，那么新复之襄阳、随、郢等州也留一些军马，可以互相支援。等到失土全部收复，六州屯扎的部队，以大军六万固守，所需的粮草，暂时由江西、湖南支拨；朝廷支付券钱，各以一年为度。等到营田准备就绪，军储既充足，朝廷就可以免去千里送粮的担忧，而进退攻守也很方便。在收复的初期，治理难免出现困难，所以需依赖朝廷的资助。但有了营田之后，军队基本都已经独立，而且以后还能循环利用资源。

高宗看完奏章，觉得十分不错，特制发“七州砥柱”军用钱币，支应军需，当作鼓励。这是岳飞独有的殊荣，也表示高宗倚恃正殷。所谓“七州”，是指岳飞辖区内的舒州、蕲州、荆州、鄂州、黄州、复州及岳州。至于“砥柱”，顾名思义，高宗把岳飞视为七州的中流砥柱。

李成自新野溃退到邓州，会合了金朝将领刘合孛堇所率领的陕西番伪军，在州郡的西北屯扎了 30 多个寨，准备抵抗岳飞的军队。

岳飞在襄阳整顿军队，在七月中旬策划进攻邓州，先派王贵与张宪，分别率郡由光化路与横林路会合夹击。

张宪一路与岳云等进军，离邓州 30 多里，碰到有数万的伪军迎战。由王万、董先各以奇兵突击，伪军溃散，刘合孛堇侥幸逃脱。伪军将领高仲率领余党，仓皇逃回邓州，关闭城门拒守。

本月十七，岳飞亲自带兵攻城。岳云一马当先，奋不顾身强行登城，身体伤了数十处，流血染湿了战衣，然而他毫不退缩；而部队将士也纷纷冒着矢石，蜂拥而上，一鼓作气，攻破了邓州，并生擒了贼将高仲。

岳飞派人权且署理邓州州务，然后率领军队向东进军，于七月二十三先后攻取了唐州及信阳军。至此，被敌人攻破的六州郡，都已经收复，才不过用了70多天。

襄汉地界都已经被平定，岳飞在八月间上奏章请求免除制置使职务，请朝廷派别的重臣过来治理荆襄。但朝廷下诏不准岳飞辞去职务，并将襄阳、随、郢、唐、邓、信阳六州郡，合并为襄阳府路，改由岳飞管辖。于是，岳飞大军只好在鄂州屯兵。

一天，在清闲的时候，岳飞带着岳云登临武昌胜景黄鹤楼。黄鹤楼占尽地势之优，视野广阔，俯瞰江汉，远近美景，尽收眼底。但岳飞的思绪却早已飞到了那被敌人铁骑蹂躏的中原神州。

此次带兵收复襄邓六州郡，势同破竹，如果能不受牵制，那么渡河收复失地也不是难事。但朝廷却仅令他收复失土，不得逾越与伪齐的疆界，这实在不能不让他感到沮丧和遗憾。岳飞因作《黄鹤楼词寄感》，词牌名为《满江红》。

遥望中原，苍烟外、许多城郭。想当年，花遮柳护，凤楼龙阁。万寿山前珠翠绕，蓬壶殿里声歌作。到而今，铁骑满郊畿，风尘恶。

兵安在？膏锋锷。民安在？填沟壑。叹江山如故，千村寥落。何日请缨提锐旅，一鞭直渡清河洛。却归来、再续汉阳游，骑黄鹤。

这首登黄鹤楼有感于前首《满江红》，虽时间上只有短短的一年，但在心境上却有所改变。

到了这一年的八月二十五，高宗为了犒赏岳飞，开始对他“建节”封爵，特授清远军节度使、湖北路荆襄潭州制置使、依前神武后军统制，并特授武昌县开国子，食邑 500 户，实封 200 户。

当时岳飞才 32 岁，在诸大将如韩世忠、张浚、刘光世中年纪最轻，彼此相差约近 20 岁，却升迁最快。

庐州大捷

伪齐刘豫得到消息，称岳飞三月不到，收复了襄邓各州郡，不由大惊，生怕岳飞乘胜长驱直入，急忙向金朝求救，打算合兵攻宋。

金朝皇帝吴乞买曾与粘罕计议南侵，适逢金兀术回国，声称万万不可，因为江南低湿，不适合北方军队，而且眼下人疲马乏，粮草不足，恐怕不易成功。所以南侵的商议暂时搁置了。现在刘豫用江南的丰饶富庶、子女、玉帛引诱金朝皇帝，吴乞买南侵之意又起，派窝唱、挞懒权充左右副元帅，金兀术曾经渡江南下，熟悉地势的险易，命令他为前军，并调拨渤海汉儿军五万人援助刘豫。刘豫分两路南侵，骑兵自泗州（今安徽泗县）至滁州，步兵自楚州至承州，号称70多万。

警报传到临安，朝廷大为恐慌。群臣都劝高宗暂时移驾别处，躲避敌人的锋芒；唯独宰相赵鼎力排众议，认为年年退避，只能增长敌人的士气，没有任何作用。于是高宗决议御驾亲征，命令张浚军援淮东、刘光世移军建康，高宗的车马也择日进发，由刘锡、杨存中派禁兵随从，十月二十七抵达平江府。

高宗打算渡江决战，赵鼎制止说："金兵从北长途跋涉到南方，一定会选择速战速决，这样跟他针锋相对，不是上策。现在陛下亲征，目的是激励士气，并不是真要与敌人交锋对阵。"

高宗觉得有理，就下诏声讨刘豫的叛逆大罪，用来激励人心士气。

腊月，金人、伪齐入侵淮河，侵犯庐州（今安徽合肥）。庐州如果失守，整个淮西、淮南便受到威胁。高宗急忙调岳飞东下抗敌。

岳飞接到诏书，立刻派牛皋、徐庆，连夜赶过去救援，随后自己和大部队从东边的池州与牛皋会合。

牛皋抵达庐州城郊，伪齐的5000甲兵也正在城外部署。牛皋率领岳家军精骑兵向敌军逼近，先稳住阵脚，然后大声说道："牛皋在此！你们竟然活得不耐烦，敢来犯境！"

敌兵没想到对方援军竟然来得如此迅速，其中不少人曾参加过随州的战役，对牛皋有深刻印象，一看见来的人是牛皋，内心已有了三分恐惧，等看到宋军中持着"精忠岳飞"旗子，有人不禁喊道："岳爷爷来了！"一喊百应，这5000伪齐甲兵还没交战，就都溃散了。伪都统哪里制止得住，也只有随大家一起溃退。

岳飞命牛皋乘胜追击，不让敌人有喘息的机会。牛皋就以骑兵尾追不舍，直追出30多里，而5000敌兵被杀或自相践踏丧命的，已有一半。此战杀死伪副都统及千户长、五百户长数十人，生擒80多人，俘获马匹、旗鼓、兵杖无数。此时，庐州被收复。

此时，金兵主力驻扎在泗州（今安徽泗县）与竹塾镇一带，受到了韩世忠在扬州的阻挠，不好前进。而且正是天寒地冻的天气，雨雪不止，粮道不通，补给又十分困难，恰恰又传来金朝皇帝吴乞买病危的消息，金兀术不免有了归意。

古时作战，因交通运输艰困，特别强调"军马未动，粮草先行"，军中一旦缺粮，后果十分严重。金兀术此时正处此困境，没有地方掳掠，只得把马杀了当作食物，军中早已经怨声载道。不久后，又听到宋高宗御驾亲征，军师哈迷蚩劝金兀术说："士兵劳苦，已经丧失了斗志，勉强过江，恐怕难以取胜。而且主上又病情严重，朝中若有变故，将不利于太子，不如早点回去。"

金兀术也觉得留在此地没有用处，就连夜北撤。大军已经退了，才派人告知伪齐的刘麟、刘猊。二人知道消息后，顾不得整装，就把辎重财物全都弃掉，追随着金兵一起后撤，昼夜不停，直到宿州才停下休整。

这一年的腊月将尽，金朝皇帝吴乞买病死，舍弃自己的儿子，让哥哥的儿子即位。

绍兴五年二月初八，高宗由平江回到临安。此次亲征，虽然没接触敌人，但是激扬了士气，金兵、伪齐又狼狈而归，算是一次间接胜利，除扈从官吏各官升一级，其余百官也都是可以休息三天。

岳飞由于庐州大捷立了奇功，特授镇宁、崇信军节度使，依前神武后军统制，湖北路荆襄、潭州制置使，进封武昌郡开国侯，加食邑 500 户，实封 200 户。长子岳云升迁阁门宣赞舍人，次子岳雷升迁阁门只侯。岳飞的母亲姚太夫人被封为福国太夫人。

朝廷任命了赵鼎与张浚为左右宰相，并兼知枢密院，都督诸路军马，颇有一番新气象。赵鼎、张浚都主张以战止战，坚决唾弃和议。而高宗为了保住半壁江山，也听从他们的建议，整顿军备，加强防御。后朝廷派张浚以都督行府名义，由建康沿江西上，前赴潭州，剿灭叛贼杨么。赵鼎任中总理政事一职，两相一外一内，表里相应。赵鼎处理政事也是游刃有余，还能破格提拔人才，他待人接物也很谦逊，不以位高自居，而且还敢于犯颜直谏，一时盛名大震，号称为“贤相”。

智取杨么

朝廷派右相张浚亲自前往潭州镇压杨么的起义军，又颁诏令让岳飞一同前往镇压。岳飞的将士大部分是西北人，而杨么巢居洞庭，必须涉水作战，以己之短如何去攻击敌人之长？岳飞认为有胜利的把握，他认为兵法无常，其运用得当，在乎一心。

杨么本名杨太，为钟相部下，年纪最小，楚人称幼小为么，所以都称呼他为杨么。

钟相是武陵（今湖南武陵）人，早期在宋徽宗大观年间，曾在乡间号召人们起义，自号“天大圣”，他能够用一些方法去除人的疾病，并且悄悄告诉他的徒弟和乡民，“凡是分贵贱贫富的方法，都不是好方法；我能将贵贱、贫富平均等分，使社会没有富贵贫贱之分，众生平等。”他本着“众生平等”的思想号召人们起来反抗腐败的朝廷。等到湖湘盗匪猖獗的时候，钟相借理由起兵，鼎、澧、荆南一带纷纷响应。他自号为楚王，妻为皇后，子为太子，焚烧官府、城市、寺观及豪富的居所，只要是官吏儒生以及侩道医卜之流，统统都杀。

很多人因为钟相“等贵贱，均贫富”这种思想而投其麾下，老百姓也对他争相传颂，认为他是救世主下凡，所以，洞庭湖周边的州郡，包括鼎州的武陵、桃源、辰阳（今湖南辰溪县周边）、阮江，澧州（今湖南澧县）的安乡、石门、慈利，荆南的枝江、松滋、公安、石首，潭州的益阳、宁乡、湘阴、江化，以及宜都、华容、阮陵等都被划为他们的区域，声势浩大。不过，钟相后来被孔彦舟擒杀。杨么就率领着钟相的队伍，转到龙阳（今湖南汉寿）再度召集人手，手下有杨钦、黄佐、黄诚、周伦、刘衡、夏诚、高老虎等，不出几年，就积聚了数万人，拥立钟相之子钟仪，称为“钟太子”，自己号称为“大圣天王”，不受大宋的管制。

其后，杨么将根据地设在洞庭湖的君山，建造巨舶舰队，“望三州和州、载五楼九楼、大德山、小德山、大海鳅头、小海鳅头”等数以百计，船疾驶如飞，上面还能发射矢石。起义军的船高大，官船狭小，矢石从天空落下，不好抵御。数年来，朝廷虽然派王璨去镇压过，却相持两年没有任何办法。杨么还与李成互通有无，李成在占领掠襄、邓的时候，曾经拨三万兵给杨么，杨么率领他们的车舟（船以轮推进，故称车舟）50艘，沿江顺流而下，与李成兵会合于两浙。现在，杨么的起义军已经让朝廷大为震动。

岳飞自打去年庐州镇压起义，为了防止敌人去而复来，重扰淮西，暂时屯兵池州。现在接到诏令，立刻让军队整装待发，恰好前御营机宜赵九龄路过池州来访。岳飞与赵九龄在河北招抚使张所幕中相识，一见如故。赵九龄看到岳飞，认为他一定是天下奇才，岳飞也很推重赵的智谋。张所被罢免后，招抚使撤销，二人再没有碰过面。

岳飞听说赵九龄来访，欣喜不已，这正是他乡遇故知。寒暄之后，岳飞想请赵留在幕中做参谋。只是赵九龄因为其他原因坐了一会儿就走了，但他难推岳飞的诚意盛情，就荐举黄纵取代自己。黄纵是政和年间的进士，才智卓越，只是总是不合时宜，不能与世浮沉，以致仕途艰难。绍兴初年，以为兴复江山有望，曾经上书论兵，赵九龄读过他的书论，十分惊讶民间竟有奇人，就与他相交。现在郑重推荐他。

岳飞虽出身行伍，但是对儒生士子却极为礼遇。现在有赵九龄的推荐，他立刻派人拿着书信礼聘黄纵来担任主管机密。黄纵也久闻岳飞大名，接到书信就赶过来了。从此，只要是岳飞有重要事务，都要和黄纵研究讨论；黄纵有感于岳飞的推心置腹，也就知无不言，言无不尽，竭尽心力，以资报效。

四月，岳飞从池州出发，进军潭州。大军经过的州郡秋毫无犯，乡民根本不知道有军队来过。

快要抵达潭州之时，岳飞先派使者去敌营招安。由于往日所有招安的官吏都被杨么杀害了，因此使者跪地请求岳飞，宁死在元帅剑下，也不要受他们凌辱。

岳飞道：“我保证你没事。别人的使者他敢杀害，我差遣的人他绝不敢轻动。你大胆去吧！”

不久，使者回报说：“前寨有一个叫黄佐的愿意投降，只是需要元帅您亲自过去抚众。”

岳飞一听到黄佐之名，微微一笑说：“我与这个人曾有过一面之缘，倒要亲自去走一趟。”

张宪、牛皋双双劝阻。岳飞道：“不入虎穴，焉得虎子！要破杨么，全在黄佐身上，要让他归降，我必须应约。”

岳云也要和岳飞一同去，岳飞答应了，又嘱咐张宪，暂时先就地扎营，待他归来，再出发潭州。

岳飞父子两人由使者引导来到前寨，黄佐赶忙问守卫来了多少人，守卫说算上使者，一共是三个人。

黄佐感叹岳飞一身是胆，然后对部下说：“岳飞用兵如神，号令如山，如果跟他作对，没好下场。现在他单独前来，很是诚信，我们如果投降，一定会获得善待的。”于是他开了寨门，出外投降。

十年不见，二人也是深有感慨，岳飞也为黄佐肯投奔自己为国家效力感到欣慰。黄佐又带领岳飞父子进寨，让其他头领们来拜见。见岳飞对他们也是温和可亲，大家也都心悦诚服了。

岳飞告诫黄佐要保守投降的秘密，以免未得其利先受其害。岳飞于是告别了黄佐，带领军队来到潭州，要使者请黄佐进城相会。黄佐如约而来，岳飞令人准备酒宴，酒喝着正高兴，岳飞对黄佐说：“我想请你再回到湖内，传达我的意思，可以先劝慰他们，让他们投降；如果劝不动，就乘机将首领擒过来。你觉得怎么样呢？”

黄佐立刻拜倒，很感动地说：“现在我受到您的提携，为您赴汤蹈火，在所不辞！”岳飞当日就向朝廷请功，朝廷授予黄佐武义大夫合门宣赞舍人。

黄佐回到洞庭湖，没过多久就有三百多人来投奔岳飞，过了几天后又有两千多人来投降。岳飞对他们都抚慰有道，赠给他们财物，还授予他们的首领官职。这些人的行动岳飞也不加限制，如果有人还想回洞庭湖，也不过问。

一天，张浚到潭州来监管军事。参政（即参知政事）把岳飞跟起义军的详细事情都说了，然后说道：“岳将军处置起义军，看着很随便的样子，是不是他有别的意图呢？如果真是这样的话，我要向朝廷禀报了。”

张浚讥笑他说道：“岳将军他忠孝两全，参政您怎么会不知道呢？再说他的用兵之道本来就很玄妙，又不是普通人所能预测到的。你妄自行动不怕误事吗！”

过了几天，岳飞来见张浚，说：“黄佐已经接受招安了，现在已经袭破贼将周伦大寨，擒得伪统制官陈贵等人，我已经向朝廷请功，打算将黄佐提升为武功大夫。”

张浚也说：“您的智慧和勇气不是普通人可以达到的。”

岳飞又说：“前统制任士安不服王四厢的命令，导致失败。将领不听命令，代表法令不严，战场怎么能制敌呢？我想申明军律，对任士安必须有所处置。都督您意下如何？”

张浚点头说：“你说得很对。王四厢治军有失，就在于军律不严。”

岳飞回营后，就传唤任士安入帐，斥责他违命慢令，论律当斩，姑且念他有过功劳，暂时先鞭打三十，要他率兵攻击围困永安寨的起义军。“如果三天不能击平起义军，就斩了你！”

任士安即刻带领部队向永安寨进发。岳飞命令张宪随后支援。

任士安率领亲兵及陈照人马逼近敌营，说岳元帅已经带领 20 万大军前来。但首领黄诚看到只有任士安带着一两千人，自然不放在心上，下令把官军团团围住，此时起义军是任士安军队的十倍。

任士安领兵当头冲击，官兵也个个奋勇争先，但是起义军如潮水般,杀了一波,又上来一波,任士安已杀得人困马疲，眼看不行了，却看到起义军纷纷后退，正纳闷间，忽然看到张宪从后面杀到，一杆枪如蛟龙出水，专刺敌人喉咙，任士安见了张宪，也抖擞起精神杀贼。

黄诚看到忽然半路杀出个程咬金，还是个年轻的军官，于是大怒，驰马向前，要与张宪决斗。黄诚哪里是张宪的敌手，张宪抖动手中这杆铁枪，专找要害，一连数枪，杀得黄诚两臂酸疼，满身大汗。他虚晃一枪，败下阵来。张宪、任士安从后面追赶,直追到过了苟陂山才收兵。这场战役下来，杀获起义军无数，俘获战马器甲也不少。

五月底,岳飞从潭州移屯到鼎州。张浚突然说要见岳飞。等见到他，就问道:“镇压起义军的任务是否已经有了妥善计划与部署了?”

岳飞取出一份地图说道:“这是黄佐所绘制的洞庭湖要图，有关杨么的部署防御都很详细。”

张浚看了很久,说道:“现在起义军守扼据险,不好攻打。不如先休兵，等来年再商议镇压的事情。”

岳飞说:“为什么等到来年呢?都督您如果能稍微等几天，您就看到我已经将起义军镇压了。”

张浚严肃地说道:“军中无戏言。镇压起义军不是儿戏!王四厢讨贼两年,尚且不能成功,现在你却说几天就能镇压,这话我不信。”

岳飞说:“王四厢以官军攻水军，当然困难；我现在是以水军攻水军，当然容易。”

张浚没明白他说什么。岳飞又说:“起义军驻扎在君山,地势险阻，而且他们擅长水战，更是如虎添翼。如果没有向导，却想要用我之所短，攻彼之所长，这十分困难。假若招安敌人的将领，用敌人自己的兵，夺取自己人的兵，然后离间他所带来的援军，使杨么陷于孤立，再进兵湖上，杀敌制胜，易如反掌。我预料，不出八天就可以成功。”

张浚虽然并不是很相信，但是还是奏请朝廷将镇压起义的日期拖到六月上旬。

六月初二，黄佐求见岳飞，禀报杨钦来投奔。

岳飞很高兴地说:“杨钦向来以骁勇著称,现在也来投降,天助我也，快快带他进来！”

岳飞很热情接待了杨钦，并把上阳金东带战袍赠给他，当日就奏请朝廷赐官武义大夫；又让王贵置办酒宴款待。杨钦深受感动。

第二天清晨，岳飞让杨钦再回湖中，招降其他人，论功行赏。杨钦欣然前往。

杨钦来到寨前就大声喊道:“岳元帅已杀上山来，如果愿意投降的，就出来迎接；不愿意的，就出来交战。”寨内的起义军听说岳飞大兵已经杀来，知道抵不过，就都弃械投降。

岳飞收到捷报，很快赶到了君山敌寨前，登山俯瞰，见无数的敌船，船下有轮，鼓水前进，两旁还设有撞竿，就明白了为什么官军长期无法取胜了。岳飞让手下的军士连夜砍伐山上大木，串成巨筏，塞布在港汊内，又命令采集腐木乱草，抛到上游，随流水漂下，再命令军士驾着小船，到敌船附近诱敌，将敌人的车舟引诱到进水的浅处。

诱敌成功，岳飞将士的小船赶忙往回逃退，敌船争相追赶。待到水浅的地方，起义军的舟车不能移动半步，仿佛被胶水黏住了船底。他们哪里知道,这是腐木杂草塞住了船轮。

这时岳飞的大批战船四面杀来。起义军进退不得，不知道该怎么办了。这时候杨么搭乘着艋艟巨舰前来助战。

岳飞的士兵人人持着牛皮盾牌，一边抵挡杨么巨舰中打下的矢石，一边一起拿着很大的木头，向杨么的座舰撞击，不一会儿就撞出好多窟窿，湖水便汩汩流入。

杨么一看情况不妙，慌忙跳进湖里。不久，杨么被牛皋擒送到岳飞的战船上。

起义军见首领被擒，都很惊慌，又听有人喊道“投降者可免去一死”的话，众起义军都投降了。岳飞命令牛皋收抚投降的起义军，自己带领着张宪和岳云冲入起义军的根据地。起义军关了寨门抗敌。岳云身先士卒，把寨门砸碎，岳家军一拥而进，占领了大寨。其他起义军首领黄诚、周伦、夏诚、刘衡等，也都一起跪地投降。

岳飞又一次迎来大捷。他一边命人把杨么的头砍下送往都督行府；一边选少壮有力的起义军编入军籍，老弱的起义军就发给米粮，让他们回乡耕田；一边又派人把起义军的大寨一把火烧了。

张浚得到捷报，一算时间，刚好是八天，不禁赞叹道：“岳将军真是神算啊！”

平荡了洞庭湖起义军，岳飞向朝廷奏捷，在立功官兵花名册上，岳飞把岳云的名字涂掉。

黄机密请示说：“岳公子在此战中，战绩十分突出，元帅为什么要把名字涂去？”

岳飞说：“我如果将其列入，恐怕会遭到非议，不能堵住天下人的嘴啊！”

黄机密道：“岳将军这么谦逊，然而这不有悖‘内举不避亲，外举不避仇’的信条吗？”

岳飞说：“我求问心无愧就好。”

张浚知道这件事之后，感叹地说：“岳将军对于嘉奖一向如此，但是这样也不是很好啊！”于是奏明朝廷，镇压起义的战役，岳云立有奇功，因为岳云是岳飞的儿子，没有在名册之上，请朝廷也授予奖励。

岳飞立下奇功，不到半年时间，迁升为检校少保，封开功公，加食邑500户，实食200户。

恢复中原指日可待

岳飞镇压了杨么起义以后，又奉命屯兵武昌，防御伪齐刘豫的突袭，并伺机收复中原。由于收复失地希望大增，岳飞对于军队的经营训练和军容的整饬严肃，更加勤奋了。

转眼间已经是绍兴六年了，高宗赏赐岳飞诰命，勉励他收复失地。二月份，又命令他兼营田大使，还拨发粮种耕牛，岳飞除号召流落外地的百姓返乡耕种外，还命令士兵在训练之余，也加入耕作的行列，一时间军民中没有一个游手好闲的人。

三月二十六，岳飞突然接到家信，姚太夫人逝世。这真是晴天霹雳，岳飞一连晕厥数次，终日以泪洗面，饭菜也没吃过。岳飞一边奏请朝廷请假，一边带领岳云，连夜赶回江州奔丧；襄阳的军务由张宪统带。

朝廷得到消息后，追赠岳母为周国夫人，阳葬德化县白鹤乡庐山之珠岭山，并于赙赠常典外，另加赠银一千两，绢一千匹，又命令鄂州地方官署协助办理所有丧葬事宜。

岳飞曾数次奏请朝廷要请三年守孝的假期，朝廷没有批准，让他厚葬母亲完毕，就回归奉职。朝廷连番下诏催他返回，岳飞不得已回到襄阳。

岳飞和朝廷及宰相都把恢复中原当成首要任务，因此回到襄阳，就开始准备收复事宜。

到了八月，岳飞先后遣王贵、郝政、董先攻打卢氏，攻破城门得到军粮十五万石，收降数万兵。岳飞又派杨再兴收复西京的长水县，杀死伪都统孙某及伪后军统制满在，俘获伪齐所留下的一万多马匹，数十万石刍秣，中原大为震动。

张浚奏请高宗移都建康，抚定三军，作收复失地的打算。高宗同意这个建议，就在建康建立行营，秦桧为行营留守，参决尚书省、枢密院事。

秦桧在绍兴二年被免职。秦桧这人为人深沉，喜怒不形于外，得到张浚的赏识，张浚举荐他，朝廷授予他礼泉观使兼侍读。从此，秦桧再次受到重用，开始兴风作浪了。

九月，伪齐刘豫看到张浚有讨伐的迹象，慌忙向金朝求援。金朝皇帝召集将相商讨是否派兵协防。大臣蒲卢虎反对，所持的理由是，先帝之所以立刘豫，为的是开疆保境，用来安民息兵。现在，刘豫进不能取，又不能守，兵连祸结。如果答应救援，派兵协助，即使胜了，只能刘豫收到利益；败了，金朝全国也受到牵连。其他大臣也没有异议，金朝皇帝就拒绝了刘豫请求，只派金兀术到黎阳观察。

刘豫见金朝拒绝发兵，为求自保，就先发制人。正如兵法说的一样，进攻才是最佳的防守。于是刘豫就调集各地乡兵，大约30万，却宣称70万，分三路南侵，刘猊率东路兵，由紫荆山出涡口，入侵定远；刘麟率中路军，由寿春进犯合肥；孔彦舟率西路军，由光州侵犯六安。刘豫还写了许多诽谤宋朝的文榜，随军张贴。

高宗看完文榜，不禁气得浑身发抖，心想宋朝大将中唯只有岳飞明白主辱臣死的意义，就让岳飞去征战伪齐。

岳飞这时候正为他的眼病感到苦恼。由于收曹成、平杨么，前后六年，都在盛夏行军，天气炎热，染患了眼病，却又不能休息；加上岳飞为母亲去世哭泣过度，眼病更加严重，平时常用帘子遮挡阳光，很是痛楚。岳飞就奏请朝廷给假休养。

这时候伪刘三路进兵，情况紧急。而刘光世打算弃掉合肥，张浚也打算弃掉盱眙，同时奏请朝廷让岳飞率部队东下牵制敌军，自己能得以退军自保。高宗听到这件事，立即下诏书给张浚，警告他不要退军自保，现在的事情有进无退，否则，国家养兵做什么用呢！

但刘光世却已经由合肥退到采石（今安徽当涂东北）。高宗诏告张浚，凡是不打算迎敌的，军法处置，刘光世不得已，只好再回军迎战。高宗考虑到刘光世、张浚不是善于打仗的人，又诏令岳飞从鄂州全军东下池州阻击敌人。

岳飞奉诏，立刻抽调襄阳等处的军马会合，让本郡的人马先出发。高宗知道岳飞有眼病的消息后，特派医官前往医治。

十月初十，刘猊所率东路兵与杨沂中的军队相遇，被杨沂中杀败，想要逃往合肥，会合刘麟，再行南下。军队到达藕塘，又遇上杨沂中的大军，再次被杀得大败溃退。刘麟与孔彦舟两路军队听说刘猊溃败，也分别解围而去。

高宗见伪齐兵马已经溃退，不需岳飞再东下会师，就诏告岳飞，如果军队还没起程，就马上停止。这时岳飞已进军江州，接到诰命，就返回鄂州。

伪齐刘豫失败了，受到了金兀术的斥责，心里很害怕，又觊觎唐、邓两州郡，想挽回颓势，就在唐州北边的何家寨设置镇汝军，屯兵聚粮，做进犯唐州的准备。

岳飞接到消息，清楚了敌人的图谋，为了不让敌人有可乘之机，立刻派王贵、董先等率兵进击，加以摧毁。

岳家军不同于其他军队，岳飞对部队只要下命，就不准一个人滞后，军队绝对服从长官的意图与命令。

王贵军队抵达，依山为阵，伪齐的五大王刘复率领十倍的军马过来袭击，被王贵杀得大败，尸横遍野，五大王刘复侥幸逃脱。王贵占领镇汝军，搬取伪齐所囤的粮草，点火烧了营寨。

伪齐都统薛亨率领十万军马过来救援，王贵严阵以待。

两军相遇，王贵假装战败，却令部将冯赛以精骑兵悄悄绕到伪军背后。王贵一声号令，回军夹击。薛亨正要奋力硬拼，不料后队发起喊来，才知道已经陷入包围，一时心慌，左右冲突，总杀不出一条路来，最后只有弃械投降。此战擒伏了伪都统薛亨、伪河南府中军统制郭德等七人，杀败一万多敌兵，并追袭余党到了蔡州。

岳飞奏请朝廷，计划一举收复蔡州，就可以很容易恢复中原之地。朝廷认为伪齐也许有重兵援助，如果孤军深入，怕有不利，没有同意。没办法，岳飞就让王贵返回驻扎。

伪齐兵得到王贵回军的消息，就由李成率领刘复、孔彦舟、李序，王大节等将领一起阻击，再被王贵军队杀得大败，追击敌军五里多地才收兵。

这一年的年终，岳飞奉诏出师襄汉，以加强防御。年末大雪凛冽，岳飞的眼病虽然稍微恢复了一点，却不肯休息，与士兵同甘共苦。

此时，朝廷的两个相国都是主战派，张浚较为急躁偏狭，赵鼎则比较老成持重，因此在政策执行上有了分歧。

张浚主持乘胜攻击河南，擒灭伪刘；赵鼎以为刘豫原是金方傀儡，灭了刘豫，担心金兵入侵，如果金兵入侵，没办法抵御。张浚觉得刘光世骄奢懦弱，应免除帅职；赵鼎以为刘光世帐下将校多出于名门，罢了刘光世，恐怕招致部队的不安。张浚请高宗巡幸建康，赵鼎则觉得此时巡幸，恐怕不太方便。张俊因为赵鼎屡次与自己对立，极为不满，于是奏请罢免赵鼎的相职。

宋朝大使何藓出使金朝回国之后，禀告说徽宗及郑皇后已经在五国城驾崩。此时秦桧已经重新获得起用，留守建康，而且对张浚很恭敬，得到张浚的信赖，后来又拜官枢密使。秦桧事事都请示张浚，以张浚的好恶去办事。

岳飞由于牛蹶之战以少胜多，大获全胜，高宗十分欣慰，特于绍兴七年二月二十五，拜他为太尉，依前武胜定国军节度使，河北京西路宣抚副使，兼营田大使，加食邑 500 户，食实封 200 户（连前计共食实封 1200 户）。

二月初九，岳飞护送高宗到建康，在皇帝的寝室得到高宗的召见，并委任他兴复宋朝的重任，而这正是岳飞梦寐以求的。后来高宗又诏告刘光世的部将王德听命于岳飞。

岳飞认为机会不可错失，就趁着现在还留在建康，上疏说明恢复中原的大计。上疏中这么说：

一、关于伪齐刘豫的建立，是金朝以中原攻中原的计谋，这样金朝便可以休兵养马，坐收渔翁之利。

二、杀敌不能急求事功，应当谋定虑周之后再行动，一有机会就行动，就可以长驱直入了。

三、后勤补给必须充裕，以免大军出征，有粮食不足的担忧；去年秋天进兵陕浴，就是因为补给无法配合，导致前功尽弃。

高宗对岳飞的说法，曾有如下批示："览奏，事理甚明，有臣如此，顾复何忧，进止之机，朕不中制。"

这似乎是有意让岳飞放手去做。可是当岳飞正秣马厉兵，准备誓师大举恢复中原的时候，却又突然接奉诏谕说，军队的行动，都要等到朝廷的命令之后才行，而王德一军，也改由朝廷指挥。这就全部推翻了高宗之前的那些诏令。其实这便是再度被起用之后逐渐被重用的秦桧的作用，但对岳飞来讲，这种事情无异于给了他最大的一击。

淮西的突变

江东、淮西宣抚使刘光世，由于平时骄惰逸乐，纵情酒色，以致得了风痹之症，所以他于绍兴七年三月上疏奏请免除军政任务。刘光世所统带的军队，高宗最初打算交给岳飞统领，并诏告刘光世的手下王德听命于岳飞。但张浚却说岳飞所统带的部队过于庞大，以后恐怕难以驾驭，高宗又诏命王德暂时听命于都督府，并诏告岳飞到都督府议事。

岳飞于夏初抵达都督府，拜见张浚。张浚虽然已经把刘光世的部队暂时分为六个分队，但是还没有找到统领的人，见岳飞前来，就询问岳飞。

岳飞说："都督您应该是胸有成竹了。"

张浚说："王德久在淮西，淮西军必然畏服。我想以他为都统制，以郦琼为他的副手，再由吕祉以都督府参谋名义予以统领，您觉得怎么样？"

岳飞说："淮西一军大多是叛亡盗贼的人，反复无常，而王德与郦琼平日也不和睦，如今一旦使王德位居郦琼之上，郦琼必定不服，而发生意气之争。至于吕参谋，终究是一个书生，不熟悉军队的事情，也恐怕难以服众。"

张浚说道："那你说怎么办呢？"

岳飞说："恐怕需要在大将中选择可以胜任的人。"

张浚又问："你觉得张宣抚怎么样？"

张飞沉思一会儿说："张宣抚曾是我的旧日长官。张宣抚虽然是国家老将，只是平日为人暴躁寡谋，估计不是很合适。"

张浚已经面露不悦之色，缓缓说道："杨沂中是后起之秀，你应当没有意见了吧？"

岳飞说道："杨沂中、王德、郦琼等人，都属于一时的英雄，但没有一个人能让他们畏服。"

张浚脸色变得很难看，冷笑着说道："我明白了，在你看来，除了你之外，再没有人能统率这支队伍了。"

岳飞很生气地说："都督您以军国大事问我，岳飞我能不如实禀告吗？而都督您反认为我想做统帅，这实在是对我的误解！"他立刻上奏折请求解除兵权，让张宪暂管军事，自己回到母亲的坟墓旁守孝去了。

张浚认为岳飞是诚心与他作对，就上疏说岳飞处心积虑，想要合并刘光世军队。张浚一边让兵部侍郎张宗元作为湖北宣抚判官，监管岳飞军队，一边又指令王德为淮西都统制，郦琼为副手，另派吕祉前往庐州节制。

王德等人刚一上任，郦琼就给他难堪，吕祉既不能调和，又不能左右偏袒，只有返回原地了。而王德与郦琼又各自列状互相诋毁，请求都督府主持公道。张浚没有办法，就将王德召回建康，让军队暂隶属于都督府。八月初，张浚让吕祉去会合郦琼。郦琼等将领见吕祉又来了，就向吕祉诉说自己被张浚冷落。吕祉安慰他说道："张丞相为人大度，如果能够阵前立功，即使大过也不计较，何况这些小的事情呢！请放心，我会为你说话的，保你们没事。"郦琼等人听他说完，也都深为感动，军中一片和谐。

吕祉一番话安抚了郦琼等人，却始终认为郦琼难以制服，就奏请罢免郦琼与统制官的兵权。不料此事却被书吏泄露给了郦琼，所以郦琼途中截获了奏疏，看完之后一腔怒火无处发泄，心中对吕祉咬牙切齿。恰巧此时，朝廷命令张浚为淮西宣抚使，宣抚司设在盱眙；杨沂中为淮西制置使，刘锜为副，制置司设在庐州，召郦琼前往。郦琼十分紧张，于是决定叛变。

第二天清晨，众将领都来拜见吕祉，郦琼从袖中取出吕祉的奏章，给中军统制张璟看了，说道："我不知道我们有什么罪状，而吕参谋你却无端诬蔑，奏请朝廷，实在令人不解！"

吕祉见秘密泄露，就想回到内堂，却被郦琼抢上一步，如同老鹰捉小鸡般握住吕祉两手，让人绑了。

张璟上前劝阻说道："凡事总可商量，怎么能绑了朝廷命官呢？”

郦琼厉声道：“朝廷如此糊涂，只听信奸人的谗言，我还留做什么呢？你们如果不想死，就随我投奔齐王去！”

张璟呵斥他说：“你想造反吗！”

郦琼笑着说道：“什么是造反？良禽择木而栖，贤臣择主而事。识时务者为俊杰。”

这时兵马钤辖乔仲福、统制官刘永衡等人齐声说道：“乱臣贼子人人得而诛之，我们岂能让你张狂呢！”

话刚说完，郦琼拔出剑来，指挥手下军士来杀乔仲福等人，张璟和乔仲福等人也拔剑在手。双方一阵混战，张璟数人毕竟寡不敌众，尽数被杀。

郦琼率领着四万多人的军队，挟持着吕祉向北投奔刘豫去了。到了三塔，距淮河仅30里，吕祉下马不走了，他说道：“刘豫是叛国之贼，我怎么能见他！”

众人逼迫吕祉上马，吕祉哪里肯依，说道：“我要是死，就死在这里。”

郦琼没想置吕祉于死地，然而吕祉又大声呼喊：“刘豫是叛逆之臣，众所周知，你们当中怎么能没有英雄呢，怎么可以追随他去做叛国之贼呢？”这番话确实打动了不少人，有一千多人也不肯向前走了。

郦琼怕吕祉继续动摇军心，拔剑刺死了吕祉。众人无奈，只有跟随着渡过了淮河，投奔刘豫去了。

郦琼率大军投奔刘豫，使朝廷内外深受震动。而张浚现在才后悔没有听信岳飞的话，以致发生这种变动，于是他打算引咎辞职。

高宗问他说："那谁能担当你这职位呢？秦桧能够继任吗？"

张浚答道："臣以前以为秦桧是不可多得的治世人才，最近与他共事，才知道他不能担当重任。"

高宗又问："我想再度起用赵鼎怎么样？"

张浚拜倒说："陛下英明。"

高宗立刻下诏任命赵鼎为尚书左仆射兼枢密使，任命张浚为观文殿学士，提举江州太平兴国宫，撤除了都督府。

秦桧本以为张浚必定会荐举自己继任，没承想却是事与愿违，张浚并非没有荐举，而且还加以阻拦，内心极为愤怒，就私下唆使言官交章弹劾张浚。

高宗本就是个无恩寡义的人，听了言官的劾奏，又被这些谗言迷惑，就打算让张浚去边远州郡守备。

赵鼎劝阻说道："张浚的老母亲年纪大了，而且张浚还有救驾的功劳。"

高宗不高兴地说道："功与罪怎么能相提并论呢？朕知道，有功当赏，有罪当罚。"

高宗没有听从赵鼎的劝告，下旨贬谪张浚去了岭南。赵鼎拿着圣旨不下殿，并约了同僚共同奏请高宗不要将张浚贬谪，高宗还是不肯。

赵鼎冒死进谏，其他大臣也替张浚说情，高宗只好将张浚降职为秘书少监，居住永州。

秦桧听说张浚因为赵鼎他们的劝阻而没有被贬谪，心里悻悻不乐，决定要找机会出了这口恶气。

汉奸的下场

岳飞自从在都督府受了张浚的误解与枉屈，立刻奏请朝廷解除兵权，打算守在逝去的母亲墓前守孝，朝廷一再不准，岳飞一再恳辞。后来，高宗知道事情的原委之后，好心劝慰岳飞，让他返回军营。

郦琼全军投敌，这对宋朝来说是一次不小的打击。但高宗不想越河攻打，只想保住现在的地盘，然而苦思冥想，不知道该怎么办。最后高宗想起岳飞与郦琼是同乡，或许可以将他劝服，就诏令岳飞说服郦琼，如果能全军归还，就不咎既往，还要优授官爵，而且他的田产也会派人妥善管理。

岳飞对郦琼很熟，他原是草莽出身，后被刘光世招降，虽然有一身武功，但是为人反复无常，而且他投降伪齐，伪齐授他静难军节度使的官职，赏赐丰厚。他怎么能接受朝廷的空口承诺呢？为今之计，招归郦琼并不要紧，如果能趁机讨灭伪刘，却是个很不错的计策。岳飞奏请朝廷全军进驻淮西，平时可保卫都城，一旦有情况，就可立即迎击，将之摧毁。但朝廷却以上游重要为理由，让岳飞只驻军江州，以便做淮浙两地的支援。

高宗虽然不允岳飞进讨伪齐，却让他招谕伪齐亲党及官吏过来投奔，赏赐优厚。岳飞奉诏，立刻写了一个檄文交给伪齐。岳飞所作的檄文，慷慨激昂，掷地有声，他号召亲党过来叛降。檄文是这么写的：

> 倘能开门纳款，肉袒迎降，或愿倒戈以前驱，或列壶浆而在道，自应悉仍旧贯，不改职业，尽除戎索，咸用汉条。如执迷不悟，甘为叛人，嗾桀犬以吠尧，詈猎师而哭虎，谨当躬行天伐，玉石俱焚，祸并宗亲，辱及父祖，挂今日之逆党，遗千载之恶名，顺逆两途，蚤宜择处，兵戈既逼，虽悔何追！

这个檄文传到伪齐，朝廷上下皆为震动，而刘豫更是惊恐。此时刘豫请求金朝立刘麟为太子，金朝皇帝批示立太子的事情等商议之后再说。刘豫知道金朝皇帝对自己的“国家”完全置之不理了，只能盼望粘罕能在金朝皇帝面前美言。等到粘罕病死了，刘豫感到前途一片黯淡，心想，如今的回生之道，只有南侵打一场胜仗，因此就不断派使者请求金朝皇帝派兵联合入侵宋朝。

金朝皇帝也就将计就计，在太原建立元帅府，将刘豫军队完全纳入编制。另派束拔为左都监，屯兵太原；挞不野为右都监，屯兵河间，还在于陈、蔡、汝、亳、颍、许诸州郡派军驻扎。

岳飞获得情报，觉得这是废刘豫的最佳时机；如果没有废掉他，也可以使双方发生猜忌。刘豫原本是得到挞懒与粘罕的帮助才拥有目前的势力的，而金兀术与粘罕不和。如今要废除刘豫，主要目标就是金兀术。

绍兴七年十月，有情报说，金兀术与刘豫分兵自清河（今江苏淮阴）南侵。高宗命令岳飞严加戒备。

不久，巡逻军士逮到一名金兀术派遣的间谍。岳飞得到消息后，欣喜地说道："这次能够完成我的计划了。"

岳飞假装喝醉酒，金朝的间谍被带进来，守卫禀报说："已经被确证为金方的间谍，依律当斩。"

岳飞醉眼蒙眬地注视这间谍很久，才说道："你不是张斌吗？"

这个间谍一心只求活命，便假装答应了。

岳飞将间谍进入私室，责备地说道："以前我派你带着蜡书去见齐帝，约他设法诱致金兀术，将他除去，而你却一去不返。刚又派人去问齐帝，回复说：今年冬天以会合入侵宋朝为名，已将金兀术引到清河，而且还回书让你带回来。你所带来的回书呢？"

这个间谍只好含含糊糊地混了过去。

岳飞也不再问，只重修书一封，述明与齐共谋诛杀金兀术的事，其中提到八月间边境交锋，为使金兀术不会起疑，曾假装全力相击，料想金兀术必坠入谷中，因此江上之约必可成功，事成后，宋与齐当永为兄弟之国，共同抗金。然后把书信制成蜡丸，交给这个间谍，并警告他道："上次你没能完成任务，本该处死，念你是齐帝亲信，就先记下。这次你带着这封书，问齐帝举兵的明确日期。可不要误了大事！"说完，又叫黄机密给他赏赐，再三叮咛，千万不可泄露了机密。

这个间谍只求保命，生怕岳飞酒醒，认出他不是张斌，必遭杀身之祸，就连连应声，匆忙离去。

间谍刚脱身离开宋营，暗自庆幸岳飞这次喝醉酒，否则必难活命。他一路急奔，来到金兀术营中，把蜡书呈上。

金兀术用刀剖开蜡书，读完大惊失色，即刻转回京城，奏明金朝皇帝，终止清河军事，并有废黜刘豫的意思。

此时正好尚书省也上了奏章说刘豫庸碌无能，治国无方，河南百姓无不怨声载道。金朝皇帝废黜刘豫之意已决，但害怕突然宣布会引起反抗，就派金兀术与挞懒率师南下，假装南侵，然后突然袭击汴京，将刘豫擒伏。

金兀术等将领进军武城（今山东武城县），由哈迷蚩前往，让守城的刘麟过河议事。因为刘麟握有兵权，如果不把他拿下，在突袭时必有一番激战。所以由军师哈迷蚩亲往召唤，到时可以随机应变。

刘麟见军师亲自前往，认为是金兀术的特别礼遇，就只带了 200 名亲兵，欣然前往。

到了武城，金兀术已列队在城外相候。刘麟受宠若惊，慌忙滚下马来。谁知道金兀术却突然指挥士兵把刘麟和他的

200 名亲兵团团围住。刘麟还没来得及挣扎，金朝的士兵个个如虎似狼，顷刻间便都把他们捆了个结结实实。

刘麟说自己无罪。金兀术冷笑说道："你父亲私通岳飞，怎么能说无罪！"

刘麟叫屈："我父子对大金皇帝忠心，却说私通岳飞，又有什么凭证？"

金兀术说道："等见了刘豫，自然会叫你父子死而无怨！"就令士兵分别把刘麟和他的亲兵绑在马上，赶往汴京。

抵达汴京，由挞懒率兵暂时屯扎在东华门外，金兀术则带领三名骁将去见刘豫。当时，刘豫正在讲武功和射击，就派人叫他出来。

刘豫见金兀术突然来到汴京，心中难免狐疑，却未想及会对自己不利，匆匆走出讲武殿。

金兀术上前一步，紧紧抓住刘豫双手，一起走到宣德门，那里早已备妥一匹瘦弱的老马，强迫刘豫坐上，由士兵左右扶持，抵达金明池，将他软禁起来。

第二天清晨，金兀术集合伪官，宣读金朝皇帝的诏书，废刘豫为蜀王，并用所带的士兵把刘豫所居伪宫团团围住，然后宣布在汴京成立行台尚书省，由张孝纯暂时担任行台左丞相，胡沙虎为汴京留守，李俦为副留守。所有伪齐士兵，一概解散返乡为农。一时汴京城内，谣言四起，人心惶惶。

哈迷蚩建议金兀术迅速安定民心，金兀术就找人散布消息说，少帝（钦宗）已回到汴京，城内百姓奔走相告，欣喜之情难以表达，民心也逐渐安定。

刘豫突然听到自己被废，犹如五雷轰顶，忙跪地哀求金朝两帅设法挽回成命。

挞懒斥责他说："当年赵氏少帝（指钦宗）出京，百姓沿街哭泣。现在你被废，却没有一个人怜悯。你还不应该好好反省自责吗？"刘豫顿时说不出话来。

年底，挞懒等人打算带着刘豫北归，问他想住在哪里。

刘豫表示，如果能准许住在相州的魏王宅邸，就足够了。"这很好办。"挞懒虽然是这么答应了,但到了相州却未停留，立刻继续北上到燕山府，然后经中京（故址在今热河平泉县东北），抵达上京（今热河巴林东北之波罗城），一起住进城内的夫子庙里面。上京原本是辽国的都城,金兵攻破了上京，将上京官民屠戮，上京几乎成了一座空城。其后陆续把罪犯往这边迁徙，后来就被人认为是座罪人城。

刘豫后来被金朝皇帝改封为曹王，在伪位上一共当了八年两个月的伪皇帝。废黜后他还是被封为伪王，但行动受到限制，形同于阶下囚，只能坐以待毙，这就是汉奸的下场。

千古奇冤

可耻的绍兴和议

靖康年间，金兵长驱直入，夺取了中原，但对防守这辽阔的中原总是力不从心，因此才先有伪楚张邦昌，后有伪齐刘豫，希望能以中原制中原。

等到刘豫被金朝皇帝废掉，解散了伪齐，两河的志士多有乘机复兴之意，岳飞认为这是天赐良机，就奏请皇帝，乘废立之际，攻其不备，长驱直入，恢复中原。这奏章到了枢密使秦桧手中，秦桧本来就是金朝的奸细，怎么能让岳飞有机可乘呢？就压着奏章不报。

这时岳飞驻守襄汉，张浚驻淮西，韩世忠屯镇江，全都严阵以待，待命挥师北上。挞懒建议金朝皇帝，此时应以和议为上策，否则宋军进兵中原，很难防守。金朝皇帝询问金兀术，金兀术一向是主张战争万能。军师哈迷蚩倒是赞同挞懒现阶段的和谈主张，因为目前求战无必胜把握，谈和则可得到战场上所难以达到的战果，却又不需动一兵一卒，正可休养生息。经哈迷蚩一番解析，金兀术才勉强同意。于是挞懒将去年二月赴金迎奉徽宗的梓官王伦，遣送回宋朝，说明金方谈和的条件。

王伦还没回国，秦桧就已经得到消息，暗地里高兴地想：“我可算有出头之日了。”秦桧了解高宗昏庸软弱，只求一时的安定，惧怕战争，但在赵鼎、张浚、韩世忠、岳飞等坚决主战的将相压力下，又不能不表现出恢复国土的态度。只要有了确切的和谈条件，便可突破高宗的这一心障。于是秦桧到高宗的寝宫求见。

高宗召见秦桧说：“卿家来得正好，可曾听到金朝有意谈和的消息？”

秦桧说：“我正是为此事而报告给陛下。”

高宗叹道：“如果真能休兵，就可以养民生息了。只怕其他大将阻拦。”

秦桧道：“他们之所以要过河收复失地，只在他们沽名钓誉，哗众取宠，却没有为陛下设想，试想，如果之前皇帝返朝，那么将把陛下放在哪里呢？”

高宗顿时心里仿佛想通了一件事似的，立刻有了决定。

这一年的冬天，王伦从金朝返回建康，高宗立刻召见，看看和谈的可行性。

王伦奏称，金人答允送还太后与上皇梓宫，并有意将所占领之河南州郡归还。挞懒送别时，曾殷勤嘱咐说道：“还回你们河南的州郡，从今而后道路已无阻拦，和议可成。”

高宗欣喜说道：“如果金人真能做到这些，其余一切就不计较。”就又派王伦去金朝迎接使者。

绍兴八年三月初六，朝廷突起用秦桧为尚书右仆射，同平章事，兼枢密使。从此以后，秦桧霸踞相位达十七年七个月之久，一直到他病死为止。

五月末，王伦携同金朝使者乌鲁思谋及石庆回到建康，说明了金朝除送还韦太后及徽宗梓宫，还将废齐所有的陕西、河南州郡送还给宋朝。

金使马上就到，朝廷命令吏部侍郎魏矼代表接待。魏矼面见秦桧，说尽了和议的不是和敌人的不可信赖。

秦桧不肯听劝，但是魏矼还是劝阻，秦桧很生气，就换别人去接待使者。秦桧虽然知道高宗迫切求和，但是怕遭到其他大臣的劝阻而改变初衷，使他前功尽弃，因此，要达成和议，必须坚定高宗对和议的决心。所以当王伦初同金朝使者带来和议消息声，高宗便与赵鼎、秦桧商讨利弊。赵鼎坚持不可讲和，认为敌人志不在讲和，志在缓兵。高宗不以为然，秦桧也不以为然。等赵鼎退朝以后，秦桧单独留下，反复表明和议有百利无一害，认为现在和议是由敌人首先提出，更是千载难逢的机会，何况不仅送还梓宫与太后，而且主动归还失地，这实在是即使动员百万大军，也不能达成目的的机会。高宗更觉得他说的话很有道理了。

秦桧出去后，高宗确实反复思考过，认为议和可有三项大利：一可迎还母后与父皇梓宫；二可收复河南失地；第三，虽不足为外人道，却事关切身利害。金人废除刘豫后，见汴京人心惶惶不安。如果不允和议，金人送还钦宗在汴京复位，这样他的江南半壁江山，恐怕不好收揽人心。

三天之后，群臣退朝后秦桧又独自留下。高宗说道:“和议的事就如你所说吧！朕意已决。”

秦桧取出已经拟好的文字，请高宗决断，并不准群臣干预，高宗看完和议的文字，欣然采纳。

左相赵鼎坚持异议，斥责和议的坏处，高宗就罢了他的相职，让他去守备绍兴府。这是绍兴八年七月二十一的事，秦桧终于运用权术，排除了他大权独揽的最后阻碍。

岳飞见朝廷紧锣密鼓地进行和议，内心感到十分失望。他收复失地、劝还二圣的抱负越来越渺茫。他觉得与其不能实现理想与抱负，倒不如退隐，过一些清闲日子。因此，他连上四章，请求免除现职，解甲归田。

高宗降诏不准，让他与韩世忠、张浚等前来建康议事。

这个月的下旬，岳飞抵达临安觐见高宗。高宗详尽说了和议的好处。岳飞却痛陈和议的害处，不但打击民心士气，而且强调敌人的和议只是一时之计，难以持久。高宗听后沉默不语。

八月二十四，金朝派张通古、萧哲为江南诏谕使来到临安。金朝使者趾高气扬，要所过州郡用臣子礼出来迎接。

高宗虽然想要议和，但受到这种屈辱，也十分不悦，就诏令侍从让大臣开始进谏。

于是朝中大臣中的数十人都进谏说,这种受屈辱的事情，实在不能接受。枢密院偏修胡铨上疏，要求斩了秦桧、孙近、王伦，文辞慷慨，气势磅礴，掷地有声。

“愿断三人头，竿之藁街。然后羁留虏使，责以无礼，徐兴问罪之师，则三军之士，不战而气自倍。不然，臣有赴东海而死尔，宁能处小朝廷求活邪！”

金人听到后都变了脸色，出千金打算贿赂这位大义凛然的大臣。

秦桧怎么能让胡铨这么样指责谩骂呢？就以“狂妄凶悖，鼓众劫持”的罪名，下诏书将他除名，去管理边远州郡去了。

尽管满朝文武大部分都反对，但这难以改变高宗与秦桧和议的决心，于是让王伦拿着议定的文书带着张通古等使者返回金朝。

这一年的年底，张通古再次来宋朝，要与高宗分庭抗礼，并要高宗向北拜受金朝皇帝的诏命。这种事情并不是高宗所能忍受的，最后议定由秦桧以宰相身份代受国书。

绍兴九年正月初五，高宗与金朝的和议达成，只要金人还回河南伪齐的土地，宋朝就下诏大赦天下。

被授予特殊权力

和议已经达成，虽然高宗对金朝皇帝表面称臣，是一件受尽屈辱的事，但还是颁令大赦天下。三大帅（张浚、韩世忠、岳飞）也各官升一级。于是这一年的正月十一，特授岳飞开府仪同三司。这是汉朝旧制，官至三公，便可开建府署，自置官属。

所谓三公，周时为太师、太傅、太保；西汉为大司马、大司徒、大司空；东汉为太尉、司徒、司空。东汉末，大将军、骠骑将军、车骑将军等，也可开府，一如三公制。丑时就有开府仪同三司（三公也称三司）之名。

这是朝廷给予大臣的最高荣誉。此时岳飞的官职是太尉，武胜定国军节度使、充湖北京西路宣抚使兼营田大使、武昌郡开国公，食邑 3500 户，实食封 1400 户。现在又加食邑 500 户，实食封 300 户，实际食封为 1700 户。

岳飞连上四章想辞去“开府”，认为“虏情奸诈……今日之事，可危而不可安，可忧而不可贺，可以训兵饬士，谨备不虞，不可以行赏论功，取笑夷狄。”朝廷还是不准，并下诏再次奖励其他的，岳飞不得已，只能领命。

这一年的三月，江州传来家报，五公子岳霭诞生（孝宗更名为霆），这时候岳飞刚过了 37 岁的生日不久。岳飞生平不二色，终生不曾蓄姬妾。

四川宣抚吴阶，虽比岳飞大 12 岁，却衷心佩服岳飞的用兵如神，只是苦无机会亲近。适巧他最近得了一名少女，称得上是天姿国色，自是“我见犹怜”，想想岳飞正在壮年，又屯兵在外，身边别无侍妾，如果拿她赐给岳飞，必定能比以前关系更进一步。所以吴阶让她带着金珠宝玉，又陪送了丰厚的嫁妆，派人护送到鄂州岳飞节帅府。

抵达汉阳后，家将拿出书信求见岳飞，岳飞读完来信，面露怒色，但仍回信给吴阶，打伤来使，让他带着这个女子返回。当时很多人都认为这是吴宣抚的一番好意，以为岳飞能留下这个女子，也可使关系更为密切。现在把人和物全部返回，如果宣抚误会，岂不是枉付了人家的一番美意吗？

岳飞说："吴宣抚对我实在不薄，但国家尚未安定，皇上也在日夜不宁，这并不是我们贪图享乐的时候！"

吴阶接到岳飞恳切的回信之后，并不因为岳飞将女子送还不高兴，反而更认为自己各方面比不过岳飞。因此他对岳飞更加敬佩了。

三月中旬，朝廷派王伦为割地使兼东京留守。金兀术奉命交割了地界，割还了东京、西京、南京、寿春府、宿州、亳州、曹州、单州，以及陕西、京西诺州之地。他渡河北归，暂时在河北大名府设行台。

岳飞总觉得金人之主动许和，其中必有阴谋，虽然割还了河南州郡，如果没有重兵防守，则敌人随时毁约，就可以再度将其夺取。齐安郡王赵士优和兵部侍张焘前去拜望先帝的陵墓，因此，岳飞奏请朝廷准许他随同拜见陵寝使，实际上是想了解敌人的阴谋所在。

秦桧借着和议的台阶现在独揽大权，不可能随意让岳飞去破坏。于是秦桧就以河南新复，各州郡正等待整顿为由奏请高宗，不允许岳飞的行动。

此时的高宗心理极为矛盾，对于向金朝皇帝称臣虽然感到屈辱，但他更怕和议受到破坏，为此，他亲手诏告岳飞要整顿边防，观察一切细小的细节，这也说明高宗对于这件事实在是兢兢业业，谨慎小心，用心良苦，连对三省（中书、门下、尚书）、枢密院都不敢相信。

高宗之所以一再严加叮咛，像以前收复襄、邓六郡之时，告诫岳飞不得越过李横所守的旧界一样，是心理戒惧的表露。这就像宋太祖“杯酒释兵权”，实行中央集权，是为了需要，军权又由中央分散到地方。既要用众将当作自己的爪牙，用来巩固政权，又怕他们不听约束，脱缰而去。偏偏岳飞随时随地都表示，要收复疆土，迎还二圣，高宗没有办法直接告诉他这里面的是非，就只有严予约束他不得任意作为，必须听命诏谕再行事。

其实，高宗怕的是自己龙位不保，只是不便跟岳飞直说。

其实，岳飞不但忠于宋廷，对高宗也是忠心不二，高宗对他的不断提拔，更使他感激涕零。岳飞此时觉得这并不是论功行赏，分所应得，而认为这是皇帝的恩赐。如何报答高宗的知遇，这便是岳飞时刻难以忘怀的。

宋高宗即位后，仅仅生了一个儿子，立为太子，却于建炎三年病死，死时才三岁，时年高宗 22 岁。当时有一个仙井监的乡贡进士李时雨，曾上书奏请朝廷选立宗子继位太子，安定人心。高宗十分震怒，立刻将他查办革除。建炎四年，宰相范宗尹也进谏请求建立储位，第二年（绍兴元年）范宗尹就被免去相职。赵鼎再度为相之时，见储位长久空着，也曾请高宗建立国皇子，而秦桧却乘机谗陷他说：“赵丞相想要立太子，意思是说陛下没有后代。”赵鼎后来也被判罪。而最让高宗永远不忘的是建炎三年，苗傅、刘正彦叛乱，逼迫高宗让位给三岁的太子，虽然不久被平乱，高宗复位，但只要是武将干预政事，尤其是干预皇室的内政，便无时无刻不让高宗有杯弓蛇影的恐惧。

郾城的胜利

金兀术无奈地从汴京撤退到大名，对于割地议和一事非常不满。因此趁着北归议事的时候，密奏金朝皇帝说：“此次的议和，虽然让宋帝被迫称臣，但是损失了河南数十州郡，这实在不是良策。这件事是由挞懒与蒲卢虎二人共同完成的，虽然有和议的势头，但是没有割地的道理，两人必定与宋国私自勾结，将有所不利于我朝。现在宋国使者已经到了汴京，千万不要让他过界。”

金朝皇帝说割地议和的事情很突然，但是说的确实言之有理，所以没有阻拦，现在经过金兀术的奏明，不由得非常气愤，就让金兀术查明并处理。

金兀术便以谋叛为理由，先后诛杀了蒲卢虎与挞懒，从此独揽大权，完全废除挞懒与宋朝的息民政策，厉兵秣马，准备南侵。

两国相安无事，维持到绍兴十年四月。岳飞突然接到高宗的手信，说根据近来之情报显示，敌人似有南侵的征兆，特别让岳飞严加戒备，以免敌人乘虚而入。

到了五月，金兀术果然与大将撒离喝分路大举南侵，金兀术自黎阳（今河南浚县东南）进攻河南，撒离喝自河中（今山西永济）直逼陕西。一时间势如破竹，所过的州郡纷纷投降。河南的州郡，宋朝还没接收，又全部沦陷到敌人手里。而撒离喝一路进攻，也抵达凤翔（今陕西凤翔）。

金人背叛盟约，被岳飞说中，高宗才知道岳飞料敌如神，所以再以诏告岳飞，因为金人不守诺言，这正是将领竭忠尽智、力图大计的好时候，无论是阵前对敌或是结约招降，都可随机而行，如果有重要的事宜，再向朝廷奏请。

岳飞接到诰命，内心无比振奋，由于敌人撕毁和约，高宗似乎从和议迷的梦中惊醒，这正是他杀敌报国、施展抱负的大好良机。

这时刘锜守顺昌（今安徽阜阳），金兵南下，首当其冲，虽然打了几场胜仗，朝廷却总认为刘锜孤军应战，难以支持，就命令岳飞派兵前去策应。岳飞立刻派张宪及姚政前去接应。又调派水师顺流而下，在江州停当，如果京师有警报，也可以迅速救援。

正在岳飞积极策划，筹谋北进的时候，于六月初一突然又接到诏命，升任岳飞为少保衔，授河南府路兼陕西河东北招讨使，寻复改授河南北诸路招讨使。岳飞认为少保的这个任命十分突然，正所谓无功受禄，他寝食难安，连上五章，奏请辞去少保一职。辞章十分恳切，特别强调:(一)爵禄名器是人主驭天下豪杰的利器，予取必有原则，君不应轻予，臣不可妄受;(二)敌人现正大兵入寇，既未拒敌，更无建功，主帅却先受上赏，这将不足以为将士表率，尤不足以激励士气。然而朝廷却以二三大帅同时拜命，均已受命，岳飞独辞，实属不宜，并诏令不得再有所陈请。岳飞方始拜受。

到了六月下旬，岳飞谋划部署妥当，分派王贵、董先、杨再兴、孟邦杰、李宝等人，分别进攻西京、郑州、颍昌、陈、曹、光、蔡等州郡；又派梁兴渡河绕到敌人后方，号召各地忠义之士响应会合。

众将领临行之前，岳飞慷慨激昂地对他们说，国家能否中兴，个人能否名垂千史，全在这次战役，并要他们回家与妻子道别，约定好河北平定后渡河相见，用来表明此行的决心。随后大军就进行大誓师，进兵蔡州，一鼓作气攻破州城。

闰六月十九，张宪前进颍昌大败金将韩常，收复颍昌；后又转攻陈州，擒俘守将王太保，陈州也告光复。

不久，杨成收复郑州，刘政收复中牟。

七月初一，郝最等将领收复西京、杨遇收复南城军。岳家军已由西路直逼汴京。

而河南兵马钤辖李兴也集结了地方的武力，先后收复了伊阳等八县和东边的汝州。

捷报频频传到临安，朝臣都喜笑颜开，唯独秦桧为此担忧。后来，韩世忠又收复了海州、张浚部将王德收复宿州、亳州，金朝上下都大为震动。金兀术派人拿着蜡书，秘密送交秦桧，责备他忘恩负义。秦桧此时正为金人背叛盟约的事情内心不安，生怕高宗责怪他，也曾派大臣冯楫探听。

冯楫上奏，金人长驱进犯，国家危难，不如起用张浚，交给他兵权，让他统军迎敌。

高宗说道："宁可国家亡了，我也不再用他。"

秦桧听到后暗自欣喜，又唆使中丞王次翁诬陷弹劾赵鼎罪状，赵鼎再度被贬为清远军节度副使，安置在潮州。秦桧认为王次翁这人可以成为自己人，就把他纳为参知政事。

秦桧为了表示对金人有所报效，就重新提倡和议，并派人示意岳飞不可轻进。但岳飞曾在金人叛变盟约侵犯之时，接到高宗的手信，信中说："其设施之方，则委任卿，朕不可以遥度也。"所以秦桧的命令没有作用，岳飞更不会坐失良机。他一路冲杀，后来大军屯扎在颍昌，命令各个将领各自为战，自己率领轻骑兵进驻郾城（今河南郾城），兵势十分强盛，锐不可当。金兀术从汴京南下，一路没有遇到阻碍，没想到却被岳飞一军杀得无以招架，不由惧恨交集，召集部属，准备动员精锐拼死一战，只要杀退了岳飞，他再没有什么可以畏惧的了。

这时正好高宗派特使送来诰命，告诉岳飞，据情报称，金兀术与龙虎大王等议定，准备在汴京附近引诱宋朝军队，拼死一战。让岳飞扎稳阵脚，不要因为引诱而掉入敌人诡计之中。等一有可乘之机，再约定其他部队合力进攻。

岳飞告诉特使说道：“金兀术现在黔驴技穷，我一定能够消灭敌人，请特使回奏皇上，保他安然无恙。”

送走特使，岳飞每天都令游骑骂阵挑战。金兀术没有受过这样的侮辱，非常气愤，就会集了龙虎大王、盖天大王及伪昭武大将韩常等军队，直逼郾城。

绍兴十年的七月初八，岳飞命岳云率领背嵬及游奕军（背嵬军是亲兵，游奕军为巡逻兵）出战，并告诉他们说：“你们定要取得胜利再回来，如果没有胜利，先斩了你示众！”

岳云自13岁从军，重要的战役都参加了，每次都是奋不顾身，勇冠三军，即使身体被伤到了，也不轻易退回来。十年来，岳云在战争中磨炼战技，也在战斗中成长，他的骁勇更是无人能比。

岳云接到父亲的命令，就带了背嵬精骑兵开城出战，一马当先，直闯敌阵，而背嵬军也人人鼓勇，个个争先，往来驰逐在敌人的阵地内，枪挑锤击，鏖战了数十回合，杀得敌人尸横遍野。

金兀术听到消息，有一小将很是勇猛，势不可当，就亲自骑马持了大斧，要来与岳云交战，却不知哪里杀出了杨再兴，与金兀术碰个正着，上来并不答话，刷刷刷一连数枪，杀得金兀术毫无还手之力，就虚晃一斧，回马便走。金兀术回到帐内，气喘吁吁，越想越气，就下令放出拐子马来。

这拐子马是金兀术最精锐的部队，又号称铁浮屠，三马相连，马上骑士都身披重甲，头用铁皮罩上，只露一双眼睛，别人刺不到，却能手持利器，任意杀敌。拐子马部队一向横行中原，无人敢挡，只是在顺昌之战，曾被刘锜杀败，只因为那时拐子马只有数千骑，骑士也未戴面罩。金兀术从实战所得，重加整补，严于训练，而骑士也都戴上了面罩，人数增加到 15000 人。

拐子马像一堵铁墙一样，把岳云和背嵬军围困在阵内，岳云不顾生死，抖擞精神厮杀，往返突围了近一小时，身上已受几处创伤，还在用力支撑。金兀术见岳云已被拐子马困住，很是欣喜。

忽然城内一声炮响，放出一队藤牌军来，每人左手持着藤牌护身，右手执着麻札刀，专砍马腿，一马倒下，另外两匹马也不能走，不一会儿工夫，15000 骑拐子马被砍得人仰马翻，鞍上骑士跌下马来，重甲在身也行动不便，只有坐以待毙。岳云乘势杀出，岳飞又领兵阻击，金兵被杀得大败，向北逃去。

金兀术逃了一程，见岳飞收军不追，才停下来喘息，检点军马，死伤大半，15000 骑拐子马没了九成，不禁痛苦地说道："我从海上起兵，都靠我的拐子马取胜，现在却被岳飞击溃，拐子马从此不复存在了！"

金兀术悲痛不已，经韩常等人不住劝解，才止住悲痛，又调集人马，再攻郾城，在城北五里店与岳家军背嵬军将王刚相遇，双方展开厮杀。岳飞又亲自率领40骑背嵬军突击敌阵，军队士气倍增，都以一当百，金兵招架不住，又被杀得大败。

金兀术寻思连一个岳飞都赢不了，怎么能进军江南呢？就命韩常又调动了12万骑兵和步兵军，转攻临颍（今河南临颍县），这时碰着杨再兴正率着三百骑游奕兵巡逻到这个地方，见金兵浩浩荡荡杀奔而来，他也顾不得敌众我寡，奋起神威，迎头杀入。金兵虽然人多，却因措手不及，而金将又远非杨再兴的敌手，只能让他往来突围、枪挑剑砍的。

金兀术曾领受过杨再兴的枪法，于是下令军马迅速退回，引诱杨再兴到了小商桥畔。没想到杨再兴的马陷入泥泞之中，那边金兀术立刻命人乱箭射来，杨再兴空有一身本事，却终被射死在小商桥畔。张宪虽然赶来相救，却已回天乏术。但杨再兴和他所率的300名游击兵，共杀死敌人万户撒八孛堇一名，千户及长毛可可一百多人，敌兵两千多人，也足以让金兵胆寒。

当郾城再告捷，岳飞认为敌人必然回军攻击颍昌，就命令岳云率背嵬军去支援王贵。不久，金兀术果然统带着步兵十万、骑兵三万蜂拥而来，从舞阳桥以南，环绕十多里，金鼓震天地杀到了颍昌。

岳云与王贵分别率领着背嵬与游奕军，居中突击，步兵左右夹击包抄。金兀术女婿统军上将夏金吾，自恃武艺高强，见岳云很瘦弱，就骑马赶过来要生擒他。两人打不到十个回合，就被岳云一锤打下马来。金兵见主将被打死，士气大减，回身就逃，自相践踏，死伤无数。后面的军队以为是前面已被杀败，也纷纷奔逃，金兀术制止不住，也只有随大家狼狈逃回。王贵、岳云追赶了一程才收兵。

这时，岳飞之前过河招纳的统制梁兴，已与两河忠义豪杰取得联系，连续夺州取县，掩杀地方伪官，使敌后的金人时刻都处于风声鹤唳、草木皆兵的紧张恐惧状态。而敌首乌陵思谋也觉得事态严重，只好通知部下和百姓，让他们不要轻举妄动，等岳家军到来，就率众投降。

岳飞知道敌人的气势已经被耗光，就统率着部队主力，从颍昌北上，到达朱仙镇，距汴京不过 45 里，部队将士个个摩拳擦掌，跃跃欲试，准备杀敌过河。金兀术被逼无奈，只有带着京师全部的十万人马出城迎敌。岳飞不等金兵稳住阵脚，就命令岳云率 500 背嵬军，长驱直入。金兵见来的将领又是那个锤杀大将夏金吾的小将，气势大减，还没开战，就已经溃逃了。而岳云与 500 背嵬军，恰似虎入羊群，锤击刀砍，十万金兵，死伤无数。金兀术也为了保住自个儿的性命，骑着快马，逃回了汴京。岳飞立刻快马加鞭奏请趁朱仙镇大胜之机，过河杀贼，收复疆土。

高宗看着不断的捷报，心中十分欢喜，一再褒奖岳飞。

金兀术败回汴京，内心十分懊恼，准备再整顿军备迎敌，可是手下将士乡被岳飞杀得怕了，一个个气沮神丧，无人敢再战。金兀术在河北传出檄文，想调集各路人马，但也是如石沉大海。这时中原一带，诸如磁（今河北磁）、开（今河南濮阳）、晋（今河北晋州市）、德（今山东德县）、相（今河南安阳）、汾（今山西汾阳）、隰（今山西隰县）、绛（今山西新绛）、泽（今山西晋城）等州的豪杰之士纷纷出示“岳”字旗，以示响应。两河的百万忠义之士，也都观望着，打算趁机发难；父老百姓更是踊跃向义军送粮食送马，等待宋朝军队，地方守备也没人敢拦阻。自燕（河北）以南，金人的号令已经无法施行。就是金朝首领的腹心禁卫龙虎大王属下仡查、千户高勇等人，也都秘密接受岳飞的旗帜书状，甚至连韩常也由于颍昌之败，金兀术婿夏金吾被杀，恐受怪罪，也派人与岳飞秘密联系，愿率五万人马投降。现在只要挥军渡河，就可一鼓作气向北追击，横扫燕云等地，收复国土。

眼见壮志得酬，岳飞一时豪情大发，对王贵、牛皋、张宪等人说道：“这回如果直捣黄龙府，到时候就和你们痛快喝一回！”岳飞过去很喜欢喝酒，饮酒数斗不醉。高宗闻知此语，要他将来到了河朔才可以饮酒。从此，岳飞滴酒不沾。这是流传至今的“黄龙痛饮”的由来。

金兀术已经明白自己的处境十分危急，如果不及时撤退，一旦归路被断，更无路可走了，不禁长叹一声，带了亲信和近卫，预备弃了汴京，当夜渡河北归。这时，他忽然见到一个太学生走到马前，说道：“您这是要去哪里？”

金兀术意兴阑珊地说：“我打算渡河归国。”

太学生又说：“太子不要着急回去，岳飞用不了多久就会退走，京城可安然无恙。”

金兀术冷笑着说：“岳飞用五百骑兵破我精兵十万，这里的百姓也都日夜盼他到来，你怎么能保我安然无恙？”

这个太学生又说：“自古以来，怎么会有权臣在内，而大将能立功于外的呢！以我观察，岳飞就要大祸临头了。您何不留下来试着等等呢！”

金兀术明白了他说的是什么，就留在汴京没走。

秦桧在临安刚刚庆幸金人的背叛盟约没受牵累，却不料岳飞竟以两月不到的时间，连克河南州郡，进逼汴京，朝廷上下震动，只要过河，就能够收复失地。他为这事日夜忧思，既不愿见金兵南下，也不愿见岳飞功成，只有划界议和，彼此休兵，才是他进身立业的好台阶。如今圣上对岳飞褒誉有加，如何能制止岳飞过河，能让他班师回朝呢？他心生一计，就派遣朝廷的一个特使传岳飞班师。

岳飞正在谋划过河事宜，忽然有朝廷使到来，催促他停战班师回朝。岳飞不禁大为惊诧，说道：“这是为什么？”

朝廷特使说道：“秦丞相与金朝的议和已有眉目，所以请您班师还朝。”

岳飞愤怒地说道：“现在恢复中原已经近在眼前，怎么能中道班师回朝呢？请您稍等片刻，容我上疏，请您将这奏折带回。”这奏折上写道：“金人屡战屡败，锐气沮丧，且欲尽弃辎重，疾走过河。而今豪杰向心，士卒用命，天时人事，强弱已见，功及垂成，时不再来，机难轻失。”

高宗看完奏折之后，不知道秦桧派使者这一回事，只认为岳飞听到什么风吹草动，所以才上疏，就对他宽慰一番，让他不要轻进，可与杨沂中、刘锜共同商议，如有机会可乘，就约定日期一起进攻。

秦桧自然是坐卧不安，他急得团团转，心想，怎么才能说动高宗，让他给岳飞下诏班师呢？他忽生一念，就匆匆进朝。

高宗对秦桧说：“你怎么这么匆忙？”

秦桧说：“为了陛下的江山。”

高宗又说：“朕的江山很好。”

秦桧说道：“听说岳少保逼近汴城，过河收复失地指日可待。”

秦桧又近前一步，郑重地说：“臣为陛下着想，这事只能忧不能喜。”

高宗不明白他要说什么。

秦桧继续说道：“岳少保大兵渡河，恢复国土固然是没问题。但是如果金人抵挡不过，愿意拿前任皇帝求和，陛下该怎么办呢？”

高宗听了之后沉默了很久。

秦桧看高宗沉默，马上抢着又说：“陛下如果不同意，可是天下人都知道金人愿意送归前任皇帝求和，这必然陷陛下于不义。如果陛下答应了这个请求，那么一旦先帝回朝，陛下还怎么作为一国之君，怎么面对满朝文武大臣呢？”

高宗越听越觉得冷汗直流，他慌忙问秦桧："那你说该怎么办呢？"

秦桧立刻说道："以孤军深入不当为理由，让岳飞马上班师回朝。那金兀术也已经遭到重创，绝对不敢再轻易侵犯了。这样的话，难道不是一举两得吗！"

高宗其实挺器重岳飞的，听到这样的话，也想了很久，叹了口气，才勉强答应，让秦桧一手操办去了。

于是秦桧先用釜底抽薪的计谋，命令韩世忠、张浚、杨沂中、刘锜各自把军队驻扎在以前的地方，韩世忠回到楚州（今江苏楚州）、张浚回到建康（今南京）、杨沂中回到泗州（今安徽泗县）、刘锜回到太平（今安徽当涂）；又命令四川的众将领胡世将、吴鳞、杨政、郭浩等如果没有得到诏令，不要轻举妄动。

这一年的七月二十，秦桧一天连下了12道金字牌，命令岳飞班师回朝。岳飞悲愤交加，于是哭着向临安奏请："臣十年的劳苦将在今天被瓦解了！权臣误国啊！"

岳飞得到消息，韩、张、杨、刘各军都已经接到命令撤退了，而自己的军队也已经深入敌境，又怕金兀术察觉阻断岳家军的归路，所以岳飞放出风声说："大军明天渡河杀敌。"

金兀术后悔自己听了那太学生的话，又怕汴京城内的老百姓对自己不利，就连夜弃城逃跑，向北跑了100多里才停下。

岳飞忍着悲愤，下令班师回朝。父老百姓都牵着马挽留岳飞，哭着说："我们为咱们军队运粮草，迎接宋朝大军，金人早已经知道，岳将军您要是走了，我们就没一个人能活命啊！”

岳飞也无可奈何，忍着泪水，出示了金字牌，说道：“我不是不愿意留下，只是朝廷有诏书，让我立刻班师回朝，我不敢违背诏书擅自留下啊！”老百姓也知道事情已经难以挽回，一时间哭声震天。

岳飞回到蔡州，又有好几百个进士以及老百姓一起挽留军队。岳飞只能把金字牌放在案几上，让他们观看。大家一见事情已经这样，哭声四起，说道：“这可怎么办啊？”

岳飞于心不忍，只能说道：“你们如果愿意迁徙，我会划出汉上六郡的闲田，让你们耕作谋生。”

等到军队离开的时候，百姓也开始迁徙，万人空巷，老幼相携，不绝于途。

难和奸臣相容

岳飞带领着岳家军挥军北伐，占据了绝对优势，打得金兵连连败退。眼看收复失地、迎还二帝的壮志将要得酬之时，却突然被迫班师回朝。这实在是功败垂成，让岳飞沮丧不已。他已经心灰意冷，失望透顶，就上奏章请求朝廷解除自己的兵权。高宗当然是不肯这么做，他想尽办法去安抚岳飞。

九月初一，岳飞到达临安，高宗为了对岳飞表示嘉奖，颁发了没有填姓名的补官文凭481道，由他委派正任承宣使以下的官吏。

这时候，金兵又开始四处侵扰，入侵淮宁、攻打颍昌、侵犯河南、进军川陕，并且有意进犯唐、邓州郡。岳飞又奉命分头救援。

绍兴十一年正月，金兀术看到宋军都被召回去了，就聚集了十万大军，进犯淮西，一举攻下了寿春（今安徽寿县），又渡过淮河，攻陷了庐州（今安徽合肥）。负责防卫淮西的张浚、杨沂中、刘锜，合力抵抗来犯的敌人。高宗又命令岳飞从黄（今湖北黄冈）、蕲（今湖北蕲春）两地绕到敌人身后，支援淮西守军，致使敌人腹背受敌。

岳飞接到诏告，此时他正身体不适，感染风寒，咳嗽不停，但是他仍旧不顾疾病缠身，亲自率领背嵬精骑兵，连夜赶往庐州。金兀术一听岳飞来救援，郾城的伤痛记忆犹新，就连夜带领部队逃回淮北，他的部下韩常见到这种情景，也就渡过淮河向北逃走了。庐州之围被化解，岳飞暂时屯兵舒州（今安徽怀宁）待命。

金兀术听到岳飞由庐州回师舒州，又转军进袭濠州（今安徽凤阳），高宗又命令岳飞率兵与韩、张、杨、刘会师援救。岳飞奉命立刻赶往救援，抵达定远（今安徽定远县），离濠州不远，金兀术得到消息后又逃跑了。

通过这些情况观察，金兀术入侵淮西，并不是非要攻城拔寨，而是要困扰宋军，让他们疲于奔命。这正如三月十七高宗写给岳飞救援韩世忠的手谕上说的："累得卿奏，往来庐舒间，想极劳勚，一行将士，日夜暴露之苦，道路登涉之勤，朕心念之不忘。"

秦桧占据相位，高高在上，但是心中念念不忘的是众将领手握兵权，难以控制，他最怕朱仙镇的一幕重演。范同向他献计说，请将三大帅同时调到枢密院，自然解除兵权了。秦桧听了之后很高兴，当即密奏高宗，以柘皋（今安徽巢县西北之重要市镇）之捷为理由，召韩世忠、张浚、岳飞一起赶赴临安，论功行赏。

高宗召见范同，范同奏明高宗说，祖宗定制的规矩向来如此，军权统归朝廷，地方不得拥有军权。现在三大帅都拥有很大的兵权，开府设官，这好像建立另一个朝廷一样。如果他们任意一个有了异心，恐怕不好控制住。高宗觉得他说得很有道理，立刻命令范同与给是中林待聘，连夜在学士院中草拟诏命。为了不泄露机密，当夜就封锁了学士院。

第二天，高宗就派韩世忠与张浚为枢密使，岳飞为枢密副使。四月二十七又罢免韩、张、岳三个宣抚司的职位。高宗此时只听信秦桧、范同的意见，满足于他们口中所谓的中央集权。他们从不曾想过，一旦有了警报，该怎么御敌呢？

一天，黄机密从鄂州赶来向岳飞辞去官职，说自己将要回乡务农，对仕途这方面心灰意冷了。岳飞听后十分悲痛，更是十分悲愤。

送走了黄机密，岳飞每天都是郁郁寡欢。心想，自己哪天也能像黄机密一样当一个闲云野鹤呢？可是眼前最紧要的还是如何避嫌释疑，于是立刻奏请朝廷请求交出背嵬亲兵，并请求将家眷由江州迁来临安居住。

五月十一，有诏令说让韩世忠留在枢密院办事，让张浚与岳飞一起前往楚州，检阅军马，安排战略防御，并以同以枢密行府的名义抚定韩世忠军马。

于是，岳飞与张浚一起去相府拜见秦桧。

秦桧说："你们这次去，要防着韩世忠的亲信！"

岳飞冷笑一声说："现在韩太保（韩世忠）已经调到职枢府，楚州的军队就是朝廷的军队，韩太保怎么能控制得了呢！"这句话让秦桧没有任何理由辩驳，秦桧脸色变得很难看。

而张浚却恭维地说道："太师您考虑得对。"

岳飞暗自想到，我很难与秦桧、张浚等人苟同，与其以后受到牵制，不如现在急流勇退，就上奏朝廷请求辞去枢密副使一职，朝廷不准。岳飞无奈，只有与张浚一起去楚州。

张浚很清楚秦桧对韩世忠很不满，所以对岳飞说："朝廷之所以留下韩世忠，让我们来楚州检阅军马，无非是要我俩乘机把军队平分，控制住局面而已。"

岳飞不以为然地说道："国家抵御外敌，恢复中原，就只有咱们三四个人。万一皇上又让韩太保领军，你我二人还有什么脸面与他相见呢？"

张浚听后十分不快。后来两个人巡视楚州城，张浚说："这城太过单薄，不能御敌，应该修缮。"

岳飞针锋相对地说道："修缮城府，只是为了保命，而我们所应做的是该如何杀敌，恢复疆土。"

张浚很恼怒，却又没法发作。张浚以前本来十分器重岳飞，后来因为岳飞受朝廷不断提拔，与他平起平坐，要与他对立了，就心生嫉妒。虽然岳飞对他处处恭谨小心，但张浚还是无法释怀。所以张浚回到朝廷，就散播流言中伤岳飞，说他打算放弃山阳（即楚州），退保长江。

楚州军吏耿着曾私下对总领胡纺说道："两个枢密这次前来，一定是要瓜分军队。本来军队挺好的，他们一来事情就不好了！"

胡纺将这话上告朝廷，秦桧立刻将耿着抓捕，将他投放到大理狱，严刑拷打，想要株连韩世忠。

岳飞不忍心看韩世忠被无辜牵连，就写信给他，告诉他事情的经过。韩世忠惊恐万分，亲自拜见高宗。

高宗也很惊诧，安慰他说道："怎么会有这种事情，朕会为你做主的。"

第二天，高宗向秦桧查问这件事，秦桧一看事情要败露，只能说："韩世忠是国家栋梁，忠心无二，怎么能任意受到株连呢！"秦桧不得已，只有借着诋毁罪的罪名将耿着发配了事。

秦桧为了这件事情每天都愁眉不展，恰巧一次张浚过来拜见，秦桧恨恨地说："不知道是什么人将这件事泄露给韩世忠，让他抢得先机有自己澄清的机会！"

张浚想也没想就说："不会有别人，一定是岳飞。临去楚州前他不是也曾为韩世忠辩解？"

秦桧咬牙切齿地说道："岳飞！我不杀你，誓不为人！"

秦桧说完，知道自己失言了，心想必须拉拢张浚，才能不会让岳飞知道，便对张浚说道："我原本想奏报皇上由你一个人执掌枢府，不想皇上却又委任韩世忠与岳飞。如果能去了韩世忠和岳飞，全国兵权就由你一个人执掌了！"

张浚拜倒说："这都要靠太师您提携了。"

于是秦桧与张浚便合谋排挤岳飞，首先让监察御史万俟卨向朝廷奏请弹劾岳飞的三个罪状：

（一）爵高禄厚，志满意得，日益颓惰；

（二）淮西之役，逗留不前；

（三）公然对将佐倡言，山阳不可守，沮丧士气，动摇民心。

原来有个叫万俟卨的人在岳飞坐镇鄂州的时候，为了讨好岳飞，曾经当面提出"足兵""足财""树威""树人"四个策略。

所谓"足兵"，就是建议岳飞要不顾朝廷的命令，扩充军旅；所谓"足财"，建议岳飞设法充裕财源，这样就可以雄踞襄汉，举足轻重；所谓"树威"，建议岳飞借着理由诛杀在朝的大臣，在朝廷示威；所谓"树人"，建议岳飞在管辖范围之内，遍布亲信，朝中也应有密切的同僚可以通信，这样不会孤立无援，遭人暗算。

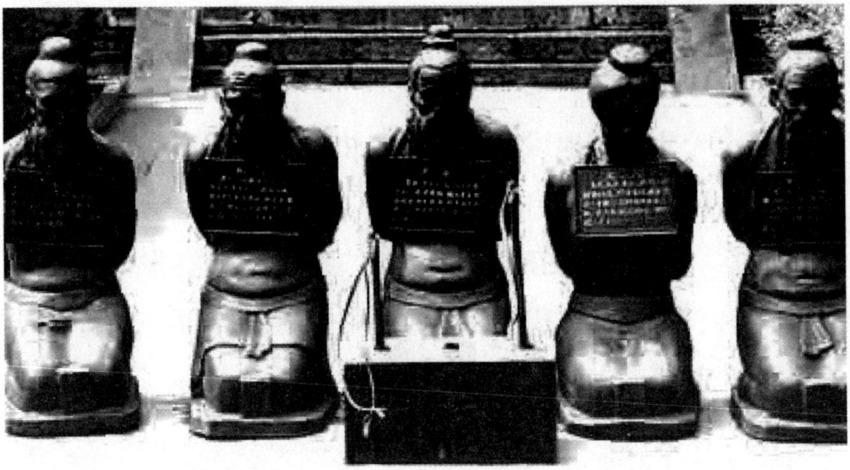
朱仙镇岳飞庙前拜跪的奸臣雕像

岳飞听完很不高兴，斥责他说："我岳飞这一生，只知道有朝廷，不知道有个人。你竟劝我拥兵自重，割据称雄！你说这种话，我本该将你查办，但是见你千里迢迢赶过来，我今天就放过你，今后别再来找我！"

万俟卨乘兴而来，败兴而归，一腔怨气无处使，到了建康，他就曾经上疏弹劾过岳飞，秦桧把他收为心腹，举荐他为监察御史，万俟卨也就死心塌地投靠在秦桧的门下。

继万俟卨之后，又有御史中丞何铸与殿中侍御史罗汝楫也上疏弹劾岳飞。岳飞知道自己与秦桧和他的亲党很难相容，一再奏请朝廷辞去枢密副使的职位，然而高宗一再不准。最后，高宗了解岳飞去意已决，到了八月初九，才同意他的请求，但高宗仍然授予他武胜定国军节度使的官职，追加少保一职。

虽然岳飞辞去了枢密院的官职，高宗也确实很眷念他，但岳飞更知道跟秦桧和他的亲党们很难容他。因此，他每夜都是辗转反侧，无法入睡。

这时已经到了深秋，岳飞追忆往事，十分感慨。张所、宗泽、李纲、张浚、赵鼎，这些知遇过他的长官，虽然有时难免在思想、看法上有所不同，但他们都是君子，忠于朝廷，一心一意恢复中原，消灭敌人，最后却又都遭到相同的命运，这真是天妒英才！岳飞一时百感交集，就提笔写下《小重山》这首词：

昨夜寒蛩不住鸣。惊回千里梦，已三更。起来独自绕阶行。人悄悄，帘外月胧明。

白首为功名。旧山松竹老，阻归程。欲将心事付瑶琴。知音少，弦断有谁听？

忠义冤逝大理寺

岳飞被削去了兵权，并且辞去了枢密院副使的职位，秦桧本来应该感觉很高兴才是，但是他见高宗对岳飞仍旧是恩宠有加，又赐给他房屋，担心时间一长，岳飞再度被起用，岂不是功亏一篑了？于是秦桧找来张浚商议，怎么才能将岳飞置之死地。

张浚自信地说："这事情很好办，请太师放心！"于是他派人秘密引诱岳飞的部将，只要能出头状告岳飞的，就给以重赏。但是岳飞深得军心，竟没有一个人理睬他。后得知王贵曾在颍昌之战害怕受到岳云的责罚，而且他的帐下一个士兵偷东西被岳飞撞见，将王贵打了一百杖。他们就派心腹想挑拨王贵与岳飞之间的关系。王贵却觉得岳飞赏罚分明，而且深得人心。但是王贵的一个可致人死罪的机密不幸被张浚知道。张浚就以这个作为要挟，王贵十分害怕，只有服从了。张浚要王贵诬陷岳飞谋叛，王贵跟随岳飞戎马生涯，对岳飞也是敬爱有加，不想污蔑他，就替他找了另一个人——张宪的前军副统制王俊。

张浚派人找到王俊，王俊很痛快地就答应了。张浚又拟了一份文状，叫亲信悄悄给了王俊，让他向都统制王贵告发岳飞。这么一来，就是岳飞的手下自主揭发岳飞的罪状，牵涉出岳飞父子，高宗也不会怀疑了。

王俊本来就对张宪不满，现在有这么好的机会，当然是迫不及待地拿着文状到王贵的地方告发。文状中主要是说，岳飞曾派人秘密向张宪求救。张宪于是和王俊商议，打算把军马移往襄阳，迫使朝廷起用岳飞前去控制，这样就救了岳飞。如果朝廷不肯让岳飞去，张宪就在襄阳拥兵自重。朝廷如果要攻打，他就与金人联系，让金人出兵相助。

九月初七，王贵接到王俊的诬状，虽然知道状中说的没有一个是事实，但为了自保，不得不把文状秘密转交给枢密行府。

九月初八，张浚收捕了张宪，让张宪把岳飞供出来。张宪坚决不承认有过这种事。

张浚就用严刑酷法对张宪逼供，张宪曾经昏死过去好几次，但是还是坚定地咬牙否认。

张浚得不到张宪的口供，而且张宪被打得体无完肤，奄奄一息。没有张宪的口供，怎能抓捕岳飞父子呢？他想了半天，最终还是把心一横，替张宪拟了一份供招，代他画了押，就说张宪已经招供认罪。

十月初，张宪被送到临安大理寺拘押起来。

十月十三，秦桧奏请朝廷召回岳飞父子，拿张宪谋叛的事对质。

高宗本来没有答应。秦桧退出大殿后，却撒谎说高宗已经同意这件事了。

后来，有人把秦桧要陷害岳飞的事告诉了他，提醒岳飞来见高宗的时候要带上辩书。岳飞十分愤怒地说："如果苍天有眼，绝不会陷忠良于不义；如果遇到不幸的话，还逃避什么呢！"

第二天，秦桧让手下带了一大队禁兵，联合临安知府俞侠围困岳飞的临安居所，进去告诉岳飞说："皇上有旨要召见你，请你入宫听旨。"

岳飞看了大笑说道："我的忠心，日月可鉴！"说完就大踏步走了出去。岳亭见这个情景，绝不是进宫听旨的状况，急忙紧紧跟着岳飞。原来自从岳飞解除了兵权之后，岳亭也辞去官职,后又随岳飞到了临安。岳飞劝他另找出路,他却说：

“大哥您一生忠君爱国，出生入死，尚且这样，我当官又有什么乐趣呢？”

到了大理寺，岳亭被拦在外边，不能进去，又打听不到消息，只能回府报告。祸从天降，李氏夫人不禁泣不成声，府中的老小也是哭成一片。

岳飞的次女银瓶，年才十三，却十分镇定，写了血书，从墙上取下宝剑，刚要出门，被岳亭看到，于是二人决定一起出府门，为岳飞申冤。刚一出门，就为禁兵阻住，二人与禁兵交战。

岳亭保护着银瓶一路冲杀，最终还是寡不敌众，岳亭被乱刀砍杀，银瓶也投井而死。

岳飞被人带到了大理寺，才知道岳云已经先被逮到。

御史中丞何铸上个月也曾经弹劾过岳飞，本来他以为岳飞有罪。经提审后才发现岳飞并没有造反的意思，而且背上刺有“尽忠报国”四个大字，才知道是受张浚的愚弄，就将实情禀报了上去。秦桧知道何铸已经不能为自己所用了，立刻免去了他的御史中丞一职，改由万俟卨继任，指派周三畏与大理丞李若朴、何彦猷去审岳飞。

万俟卨为出鄂州抚司那口恶气，首先提审岳飞。万俟卨只匆匆问了两句，便挥手带下，严刑拷打张宪和岳云，要他们供出岳飞谋叛朝廷的罪状，但都徒劳无功。

秦桧天天催他们赶快将岳飞的供状拿出来，早日审判，以免夜长梦多。临安城内现在已经是呼声四起，都说岳飞冤枉。韩世忠当面斥责秦桧，要他说出岳飞被捕的实情，秦桧以“莫须有”的理由想搪塞过去。

韩世忠愤怒地说道：“好一个莫须有！莫须有这三字，怎么能让天下心服口服！”

秦桧他们见很多人都为岳飞鸣冤，就抓捕两个代表，把他们严刑拷打，扔进大狱。尽管如此，还是难以堵住人们的嘴。秦桧十分烦恼，如果取不到岳飞谋叛的口供，一旦高宗查问起来，该怎么回答呢？

万俟卨更是焦急，用尽心机，终难入岳飞于罪。忽然有人提醒说：“淮西之战，他奉旨逗留，这难道不是一项大不赦的罪名吗？”

万俟卨如梦初醒，马上让人去岳飞的宅院搜出当时的诰命，私藏起来，销毁证据，又逼迫岳飞原来的部下孙革、于鹏等人证实岳飞确实曾经逗留过。只是书信中往来的日期都很明确，没办法对上。秦桧就让亲信把这些日期弄乱，并企图拿这些质问岳飞，录取口供。

绍兴十年与金兀术的淮西之战，高宗曾经发了十五封手信，催促岳飞出兵援助。而岳飞在接到高宗手信之前，先后于元月中旬与二月初四连上三章，请朝廷同意让他出兵蕲黄，绕到敌人背后两面夹攻。岳飞既然曾经主动上疏请求出兵救援，怎么还会有逗留的事情呢？万俟卨不管那些，因为在信上做了手脚，就什么也不怕，只是一口咬定岳飞当时漠视皇命，故意逗留。

岳飞嗤笑说：“你们这些纯属一派胡言，都不值得我去辩驳。”

万俟卨拍案而起，愤怒地说：“岳飞，你不要逞一时的口快，这里可不是你鄂州的宣抚司，我也不是当年的提点刑狱。”

岳飞说道：“不是又怎么样？”

万俟卨也厉声说道：“我要你从实招来！”

岳飞明白就算他怎么辩驳都无济于事，只能受到小人的侮辱，于是说道：“好吧，拿纸笔来。”

书吏赶忙拿来纸墨笔砚。岳飞奋笔疾书，在上面写下“天日昭昭！天日昭昭！”八个大字，写完之后就闭着眼不说话了。

秦桧见了岳飞所写的八个字，却笑道：“只此八字就够了。”万俟卨也撰了岳飞的自白书，并作成状文，送给秦桧。

当众人在审后定罪之时，李若朴、何彦猷都说岳飞罪不至死，但由于是万俟卨主审，他一意孤行，在状文中写下了一个“斩”字。

秦桧看了万俟卨送来的刑部大理寺判决状文，摇着头叹了口气说：“这恐怕瞒不过皇上。”正在犯愁的时候，忽接到金兀术秘密派人送来的蜡书，上面说：如果想议和的话，就杀了岳飞作为条件。原来，金兀术已经知道了岳飞被捕下狱的事。

秦桧得到这个蜡书，心里有了底，就把岳飞在淮西之战故意逗留的“状书”呈给高宗，高宗不信，后秦桧说金人要以杀了岳飞作为和议的条件。

高宗生气地说：“不和议就算了，我不会下令杀岳飞的！”

秦桧道："太后的年纪已经很大了，不知道是不是希望自己能过上安定的日子呢？"高宗听了之后沉默不语。

秦桧见高宗动了心，又抢着说："如果金人的和议没有达成，再把先帝送到汴都复位，又该怎么办呢？"

高宗叹了口气，说道："岳飞是无辜的，朕不忍心。"

秦桧又上前一步，说："陛下，小不忍则乱大谋。陛下难道忍心眼睁睁把自己的江山拱手让给别人吗？"

高宗皱着眉头，想了半天，才缓缓说道："你先把刑部大理寺的状书留下，容朕想想。"

高宗看着岳飞和岳云还有张宪等人的判决状文，百感交集，实在是不知道该怎么办才好了。其实他心里也清楚，这些人明明都是冤枉的，可是……突然，他脑海中闪现了秦桧刚才所说的"小不忍则乱大谋"的话，于是高宗果断地做了决定，他提起笔来写道："特赐岳飞死罪。张宪、岳云依照军法当斩，将杨沂中监斩……"

于是，绍兴十一年十二月二十九日的除夕，大理寺按照高宗的旨意执行，岳飞享年才 39 岁，岳云也不过 23 岁，张宪比岳云稍微大一点而已。

岳飞已经冤死，秦桧令人抄他的家，他的手下在岳飞家搜索了半天，就光找到了高宗所赐金玉犀带数条，还有高宗赐给他的一些物品，查抄其他的大将如张浚、杨沂中等人的时候，都能抄到豪宅和无数家产，珍贵的宝物更是数不胜数，唯独岳飞没有什么资产。高宗好几次要为岳飞在临安建几个

岳飞父子的陵墓

住宅，但是岳飞却说：“金人未灭，何以家为？”

岳飞的死，实在是千古奇冤。岳飞去世21年后，绍兴三十二年，宋孝宗即位，准备北伐，就下诏为岳飞平反，追谥武穆，改葬在西湖栖霞岭，就是现在的杭州西湖畔“宋岳鄂王墓”。

抗金英雄岳飞虽然被秦桧诬陷杀害了，但他的精忠报国的精神是不可磨灭的。他坚持崇高的民族气节，大义凛然，忠心可鉴。岳飞不愧是我国历史上一位杰出的民族英雄！